# APRENDER A NEGOCIAR

Títulos publicados:

# APRENDER A NEGOCIAR

Francesc Beltri

PAIDÓS

Barcelona
Buenos Aires
México

Cubierta de Ferran Cartes
Montse Plass



© 2000 Francesc Beltri
© 2000 de todas las ediciones en castellano,
  Ediciones Paidós Ibérica, S.A.
  Av. Diagonal, 662-664 - 08034 Barcelona
  www.paidos.com

ISBN: 978-84-493-0893-2
Depósito legal: B-54.204/2007

Impreso en Book Print Digital
Botànica, 176-178 - 08908 L'Hospitalet de Llobregat (Barcelona)

Impreso en España - Printed in Spain

# SUMARIO

# INTRODUCCIÓN

En alguna ocasión, ¿se siente inseguro cuando le contradicen? ¿Tiene la sensación de ser demasiado tolerante? ¿Le gustaría hacer valer mejor sus derechos? ¿Le incomodan los conflictos? O por el contrario: ¿Le gusta pelear duro hasta la victoria? ¿Siente que nadie es tan fuerte como usted? ¿Cree que ha nacido para regatear? ¿Le acusan sus personas próximas de intransigente?

Si ha contestado afirmativamente a alguna de estas preguntas tiene usted entre las manos el libro justo en el momento justo. Probablemente aprovechará su lectura y le animamos a que siga adelante. Si por el contrario no se ha sentido identificado con ninguna de las cuestiones planteadas, si le han parecido alejadas de sus experiencias y sentimientos, si le parece violento o desagradable iniciar la lectura con cuestiones de este calibre es que usted tiene ya algunas nociones sobre negociación en las que quiere profundizar o que simplemente se ha comprado el libro por la curiosidad que siempre despierta este tema, porque... ¿Quién no necesita negociar?

> Todos necesitamos negociar, la vida es una negociación.

Todos estamos continuamente negociando desde la infancia; con la familia, la pareja, el jefe, nuestros amigos, vecinos, colegas, compañeros de trabajo, clientes, proveedores, subordinados etc. Siempre y constantemente estamos negociando.

## BUSCANDO LOS ORÍGENES

Pero, ¿cuál es el origen de la negociación? La respuesta está en la evolución del ser humano. Remontémonos tiempo atrás varios millones de años. Fijémonos en un momento clave en el desarrollo de la vida en nuestro planeta: la diferenciación sexual. Los seres vivos, hasta entonces hermafroditas, dejaron de serlo y aparecieron individuos diferenciados en hembras y machos. Como consecuencia de esto un individuo que hasta ese momento podía garantizar su descendencia por sí solo, iba a necesitar de otro para subsistir como especie. En este momento la continuidad de la vida en nuestro planeta quedaba sometida a las habilidades de cada individuo para localizar a su pareja si no quería extinguirse. Buscarse, encontrarse y procrear, se convertirá en requisito irrenunciable de la supervivencia de una especie. La lucha por la supervivencia queda vehiculizada por la comunicación, concretamente, por la capacidad de interconectar a los individuos. Estos procesos suponen la resolución de las diferencias hasta llegar a un encuentro.

La naturaleza ha desarrollado sofisticados sistemas biológicos para desempeñar con éxito estas tareas: todo tipo de señales visuales, rituales amatorios, señales de dominación, etc. Aquellos individuos evolutivamente incapaces de encontrarse resolviendo sus diferencias, no han llegado hasta nuestros días.

Si nos aproximamos algunos millones de años y pensamos en la especie humana, vemos en el gregarismo y la vida en sociedad el principal desencadenante del manejo de las diferencias.

Otro momento significativo para datar las negociaciones lo encontramos en la antigua Grecia. Aseguran los estudiosos que con la democracia se constituyó el primer registro documentado de la propiedad privada. La forma por la que se optó para que cada campesino pudiera registrar sus tierras fue la defensa o argumentación pública. Cada propietario exponía en público sus derechos. En ese momento se fecha el primer libro sobre oratoria y persuasión que pretendía entrenar a los litigantes para convencer o llegar a un acuerdo con el tribunal sobre su derecho a reclamar como propio un pedazo de tierra. Nuevamente las habilidades de comunicación pasan a ser determinantes en el manejo de las discrepancias.

No podemos entender ninguna sociedad sin negociación, es más, incluso en las luchas más encarnizadas, siempre ha sido el acuerdo la única forma viable de solución. No llegar a un acuerdo lleva inexorablemente al exterminio o al ostracismo.

## SIEMPRE HAY DISCREPANCIAS

Podríamos seguir relatando antecedentes y hechos históricos pero este no es un estudio erudito sino un libro práctico. La conclusión a la que queremos y podemos llegar es la de que desde siempre hemos estamos negociando. ¿Por qué?, simplemente porque las diferencias son intrínsecas a la naturaleza humana. Si hay diferencias hay discrepancias, y si hay discrepancias o desacuerdos tendremos que hacer algo con ellas.

Cuando aparece el desencuentro, el abanico de nuestras conductas al respecto es amplio: las negamos, las ocultamos o evitamos enfrentarlas por miedo a males mayores, o también las vivimos apasionadamente, luchamos o en ocasiones las intentamos comprender. En este momento intervienen con fuerza elementos culturales y de educación.

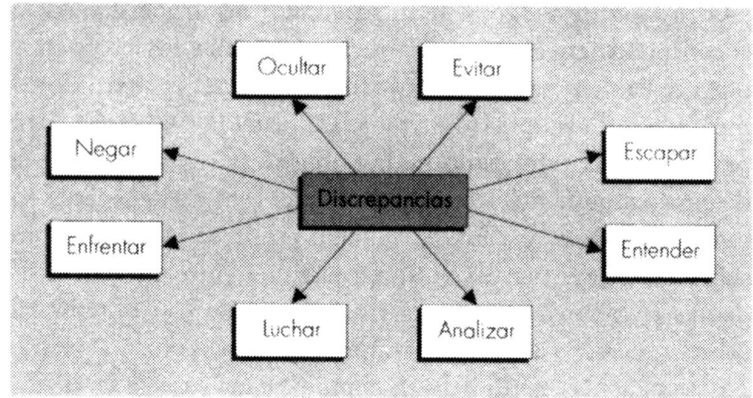


¿Cómo avanzar en el manejo de diferencias? La comunicación podría ser una buena respuesta a la pregunta, y nos pondría sobre la pista de que en la medida en que cuando comunicamos estamos buscando un cambio en nuestro interlocutor, podemos afirmar que todo proceso de comunicación es, en el fondo, un proceso de negociación. Siempre en la negociación estamos intentando influir, cambiar a la otra persona y esto sólo se consigue a través de un eficaz proceso de comunicación.

Una gran parte de este trabajo tiene un claro sustrato comunicativo. Podríamos afirmar que un buen comunicador, tiene un gran terreno ganado para ser un buen negociador. Cuidado con entender al buen comunicador como únicamente un buen emisor. Cuando hablamos de comunicación, y lo trataremos más adelante, incorporamos indefectiblemente las habilidades de recibir y entender.

Si nos lo permite le proponemos que nos acompañe y resolvamos las diferencias que como lector tiene respecto al tema.

# 1

# LOS CONCEPTOS

## ¿QUÉ ES NEGOCIAR?

Empecemos desde el principio pues sobre la negociación existen muchos tópicos y equívocos. A menudo entendemos que negociar no es sino un juego de pícaros y bribones en el que cada uno intenta ser más listo que el otro. Domina el sentir general de que negociar es nadar en las turbulentas aguas del engaño. En ocasiones existe la imagen de que cuando hablamos de un buen negociador imaginamos un individuo entre retorcido y falso, duro y de poco fiar. Como lógica consecuencia, parece que entrenarse en negociar supone aprender a mentir y manipular para conseguir un sinfín de ventajas a costa de los otros. Si bien es cierto que en algún momento el negociador puede parecer algo así, incluso comportarse en esa forma, no es esto lo que caracteriza la negociación. Nada más lejos de la realidad.

Negociamos como una forma franca y abierta de abordar los desacuerdos. Las conductas antes comentadas pueden ser tácticas que más adelante comentaremos y que sólo en determinados contextos son eficaces. Prescindiendo de tácticas y trucos: En toda negociación existe de entrada un claro y abierto reconocimiento de que «no estamos de acuerdo» y que vamos a sentarnos para solucionarlo.

Creemos que cuando uno se encuentra en un conflicto, es más útil pensar en un buen procedimiento para hacer frente a un cúmulo de problemas que pensar en «resolver» un problema particular de una vez y para siempre. En tiempos fluidos y turbulentos, es mejor pensar en términos de manejar conflictos que de resolverlos.[1]

No debemos olvidar que siempre el objetivo de cualquier negociación es el acuerdo. El proceso a través del cual llegamos a ese acuerdo es en sí mismo la negociación. Olvidemos pues esa siniestra imagen del negociador que comentábamos más arriba.

El objetivo de la negociación es construir acuerdos.

## DERROTAR NO ES GANAR

Aun siendo tan aparentemente clara la búsqueda de un acuerdo, lo que sucede a menudo es que confundimos nuestros intereses con nuestras inseguridades. Confundimos la victoria con el logro y pretendemos derrotar, ganarle al otro por encima de todo, a destacar a toda costa. Quien piense que derrotar es ganar se equivoca.

Con toda seguridad dedicamos demasiadas energías a demostrar fuerza, a intentar tener todo el poder posible. Frecuentemente se piensa que ganará quien tenga más poder y no siempre

---

1. Roger Fisher, *Harvard Negotiation Project*, Harvard Law School.

es así. A veces creemos que derribando a nuestro oponente «le ganamos» y tampoco es así. Cuando esto sucede, no necesariamente estamos ganando. Lo que sí está garantizado es que hemos conseguido, tener un enemigo. ¡Seamos claros! No negociamos para crearnos enemigos, seguro que este no es el objetivo de la negociación.

De la misma forma que no trabajamos para hacer enemigos tampoco negociamos para hacer amigos. No caigamos en simplismos. Aun siendo ciertas estas negaciones debemos ser conscientes de que buscamos unas relaciones fáciles que nos ayuden a realizar nuestra tarea que no es otra que la de construir acuerdos.

Para que los acuerdos se puedan construir en forma adecuada y permitan el mutuo beneficio es preciso conectar este acuerdo con las necesidades, y esto sólo se consigue a través de una eficaz comunicación. Más adelante concretaremos cómo, pero avancemos en este sentido.

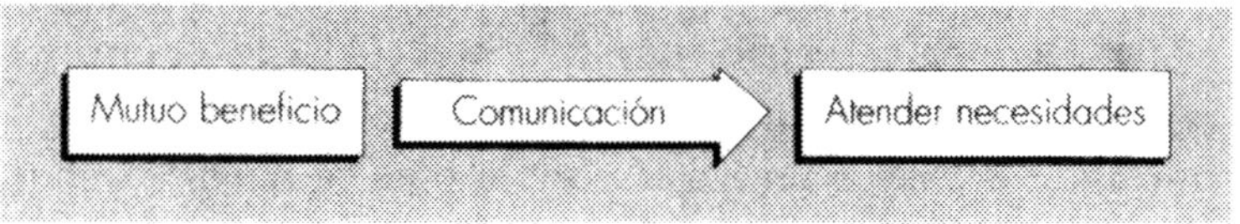


A continuación presentaremos una propuesta que pretende recopilar algunas ideas simples sobre la práctica de la negociación.

A pesar de que existen muchos enfoques posibles a la hora de negociar, en el presente trabajo hemos hecho una opción muy clara en favor de una negociación sencilla y orientada sin efectismos a la eficacia.

## TRES PILARES BÁSICOS

Hay tres principios básicos sobre los que sustentamos todo lo que a continuación irá trabajando el lector.

> Entendemos que la negociación es básicamente una interacción orientada al intercambio, más que una lucha de voluntades para obtener la victoria.

> Entendemos que sólo existe beneficio real cuando las partes implicadas impulsan el acuerdo.

> Entendemos que sólo se impulsa un acuerdo si los implicados están logrando atender sus necesidades reales.

## EL CONFLICTO ES BUENO

Tenemos que romper con la idea de que el conflicto es algo a evitar. Domina el sentimiento de que el conflicto es intrínsecamente malo. Es señal de que algo no funciona y debe ser eliminado a la mayor brevedad posible pues se puede extender provocando males mayores. Tenemos la tendencia a culpar a los actores o protagonistas del conflicto atribuyéndoles culpabilidades claramente personalizadas. La solución, en consecuencia, está en las personas y hay que cortar por lo sano; amonestar, amenazar e incluso despedir, para resolverlo.

Nada más lejos de la realidad. Hoy en día sabemos que los conflictos no sólo no son perjudiciales, sino que hemos llegado a reconocer que son inevitables y no siempre negativos. En muchos casos son la forma de detectar dificultades y ganar en coherencia y eficacia.

El principal error es confundir los sentimientos hostiles que pueden acompañar al conflicto y que nos tensionan, con la causa que los provoca. El conflicto se asienta sobre intereses real o aparentemente enfrentados. Si nos limitamos a atender al enfado, el disgusto y la agresividad; los fenómenos acompañantes nos distrairán y confundirán.

Las organizaciones ganan en consistencia y fuerza en la medida que son capaces de alinear a sus miembros y hacerles compartir valores. Esto sólo se consigue unificando intereses a través de sucesivos acuerdos que a todos interesa y motiva mantener. Un logro de estas características sólo es posible a través de la negociación.

Seguramente estaremos de acuerdo con estos planteamientos en el ámbito interno de la organización. ¿Sucede lo mismo respecto al exterior? Sí, sin lugar a dudas. Un buen intercambio con el exterior, con proveedores y clientes; buenos acuerdos que beneficien a ambas partes en este triángulo nos hace más fuertes frente al futuro. Aquella organización que puede dominar a sus clientes y somete a sus proveedores tiene serias amenazas en su entorno. Los monopolios serían un ejemplo de esta posición. La pregunta es ¿podrían existir sin esa posición? No, de ninguna manera, porque están aisladas del entorno y son hostiles a este. Un buen ejemplo lo tenemos en el momento de la liberalización de algunas empresas y el sufrimiento, cuando no la desaparición, de estas ante la incapacidad de crear acuerdos con proveedores y clientes.

Necesitamos una organización que sepa tratar el conflicto, que lo administre para su crecimiento.


## ¿CUÁNDO NEGOCIAR?

Seamos honestos y reconozcamos que si negociamos es porque no nos queda otro remedio. Con algunas excepciones de índole cultural, la negociación no es una opción que elijamos consciente y premeditadamente ante otras para conseguir nuestros objetivos. Siendo coherentes deberíamos reconocer que usamos o recurrimos a la negociación cuando otros sistemas de influencia se demuestran como ineficaces.

Cuando ni por la buenas ni por las malas vemos posibilidad de conseguir lo que deseamos, o cuando prevemos que las consecuencias del proceso pueden ser peores que el logro en sí mismo.

En cualquier caso entramos en una negociación cuando tenemos la presunción de que este será el sistema que mayor beneficio nos puede reportar. Si nos cuestionamos de una forma honesta el sentido de la negociación, probablemente llegaríamos a la conclusión de que negociamos cuando no nos queda otro remedio. Es así y así hay que tomarlo.

## LAS TRES ARMAS CLAVE

Ante el callejón sin salida que en ocasiones nos representa la negociación, y a la hora de conseguir influir en la otra persona, disponemos de tres formas posibles de hacerlo. De manera muy simplificada vamos a describir sus ventajas e inconvenientes:

*la amenaza*
Un buen grito, la expresa intención de tomar represalias, señalar esta como última oportunidad, presentar un futuro tenebroso, etc. son formas de amenazar para conseguir que nuestro interlocutor nos haga caso. Como todo en esta vida tiene ventajas e inconvenientes que a continuación intentamos sintetizar:

| Ventajas | Inconvenientes |
|---|---|
| • El resultado es inmediato | • Deteriora la relación |
| • Bajo coste a corto plazo | • Coste alto a medio plazo |
| • Reafirma el propio ego | • Desmotiva |
| • No precisa análisis | • Debe cumplirse para no perder credibilidad |
| • Claridad del mensaje | • Genera rechazo |
| • Interrumpe la acción | • Alto riesgo de equivocarse |

## El amor

«Hazlo por mí», «necesito que me ayudes», «por favor, eres mi única posibilidad», y otras formas parecidas utilizan el vínculo afectivo para conseguir lo deseado. Le llamamos «amor» con todas sus letras, porque en última instancia apelan a la necesidad de afecto que todos experimentamos por adultos y maduros que seamos. Reconozcamos que es difícil resistirse sobre todo en un inicio. Lógicamente también tiene ventajas e inconvenientes:

| Ventajas | Inconvenientes |
| --- | --- |
| • Gran efectividad inicial | • Se deteriora con el uso |
| • Bajo coste a corto plazo | • Crea endeudamiento |
| • Refuerza las relaciones personales | • Debilita otras formas de influir |
| • Crea confianza | • Pierde credibilidad con el tiempo |
| • Favorece la comunicación | • Puede crear confusiones de roles |
| • Sin compensación inmediata | • Limita a medio y largo plazo |

## El intercambio

El esquema es sencillo: «Si me das A te daré B», simple y llanamente. Lo que estamos proponiendo y planteando no es otra cosa que un negocio entre quien «tiene» y «necesita» respecto a alguien que a su vez también «tiene» y «necesita». Veamos también sus pros y contras:

| Ventajas | Inconvenientes |
| --- | --- |
| • El resultado es estable | • Precisa de conocimiento mutuo |
| • Facilita otros intercambios | • Requiere análisis |
| • Refuerza la relación | • No siempre es inmediato |
| • Es clara y transparente | • Siempre tiene coste |
| • Satisface a ambas partes | • El beneficio nunca es absoluto |
| • Crea confianza | • Puede caer en el mercantilismo |

Cada persona utilizará indistintamente una o varias de estas formas de influir, en función de su historia, personalidad, formación o posición en una organización. Tal como vemos cada una de ellas tiene sus ventajas e inconvenientes. Lógicamente intentaremos usar en cada momento la que nos aporte el máximo con el menor coste posible. Generalmente en la negociación optamos por la última con algunas excepciones que veremos más adelante. Lo hacemos cuando las dos primeras han fracasado o prevemos que lo hagan por el motivo que sea.

## ¿NEGOCIAR PARA QUÉ?

Si nos planteamos cuál es el objetivo de toda negociación deberíamos responder que siempre perseguimos llegar a un acuerdo. Pero hay dos cuestiones enfrentadas que en ocasiones nos confunden:

¿Usted no persigue ganar cuando negocia?

¿Buscamos ganar o trabajamos para llegar a un punto satisfactorio para ambos o lo mejor para los dos?

Esta disyuntiva no tiene solución, y no la tiene porque no se trata de dos objetivos distintos sino del mismo objetivo. En realidad no son necesariamente excluyentes.

La única forma de «ganar» es conseguir que la otra parte desee tanto como nosotros ese acuerdo, en caso contrario el acuerdo tiene pocas posibilidades de perpetuarse.

### *Algunas definiciones*

Estamos en el momento justo para definir la negociación. Recurramos a algunos autores y veamos cómo lo hacen: «La negociación es el procedimiento de discusión que se establece entre las partes adversas por medio de representantes oficiales y cuyo objetivo es el de llegar a un acuerdo aceptable por todos».[2]

2. Touzard, H., *La mediación y la solución de conflictos*, Barcelona, Herder, 1980.

...«entre dos personas frente a frente, es conveniente hallar una vía de acuerdo entre dos posiciones que no son idénticas, reuniéndolas en un encuentro fortuito o provocado que permita la ocasión de intercambiar.»[3]

«La negociación es un proceso de resolución de un conflicto entre dos o más partes mediante el cual ambas o todas las partes modifican sus demandas hasta llegar a un compromiso aceptable para todos.»[4]

«La negociación es una conversación entre dos o más personas para conseguir un arreglo de intereses divergentes o un acuerdo mutuo.»[5]

Viendo los aspectos que tienen en común podemos entender por negociación:

> El proceso dependiente por el que dos o más partes con intereses comunes e intereses en conflicto intentan llegar a un acuerdo.

## PALABRAS CLAVE

La definición necesita de algunos comentarios para resaltar algunas palabras o conceptos clave si queremos garantizar una correcta comprensión:

*Proceso*
Debemos entender la negociación como algo dinámico. No es un momento concreto en el que hablamos con nuestro interlocutor sino un progresivo desarrollo que finaliza con el acuerdo. El contacto cara a cara es sólo una parte del proceso.

3. Lebel, P., *El arte de la negociación*, Barcelona, CEAC, 1990.
4. Kennedy, G., *Cómo negociar con éxito*, Bilbao, Deusto, 1982.
5. Goossens, F., *Técnicas de discusión y negociación*, Barcelona, Plaza & Janés, 1992.

*Intereses*

No nos engañemos, y admitamos en todo momento que si estamos negociando es porque ambas partes reconocemos que tenemos lo suficiente en común para permitir un acercamiento. Estamos juntos porque queremos conseguir algo y creemos que estamos en condiciones de ofrecer algo a su vez.

*Conflicto*

Existe el suficiente desacuerdo para que debamos cuidar las relaciones entre las partes si no queremos romper la negociación. No olvidemos que el desencuentro no se ha podido resolver por otros caminos y nos estamos viendo obligados a poner en común diferencias. Las relaciones entre las partes de la negociación corren el riesgo de deteriorarse y siempre pueden acabar mal.

*Dependencia*

Por fortuna estamos reconociendo que ambas partes dependen en mayor o menor medida la una de la otra para conseguir sus metas. Estamos en una situación que no hace posible el éxito de una parte sin el éxito de la otra y esto nos une de una forma determinada.

*Acuerdo*

Es un punto de satisfacción mutuamente aceptado por las partes implicadas que vamos a intentar construir y descubrir en el proceso.

No debemos confundir el proceso con las tácticas. Las tácticas nos ayudan en el momento de la interacción pero, el momento del cara a cara no es, ni mucho menos, la totalidad del proceso. Y sobre todo las tácticas no son la garantía del éxito, un error en este punto nos llevará indefectiblemente al fracaso.

Si lo que realmente deseamos es llegar a un acuerdo que se mantenga en el tiempo y que no se incumpla a la primera presión o cambio en  los elementos del entorno: Podemos afirmar que el contacto real entre los negociadores se reducirá a un 10% del tiempo invertido. ¿En qué ocupamos el resto de nuestro tiempo? La mejor inversión de ese 90% de tiempo restante será para prepararse; conocer a la otra parte y estudiar el tema buscando nuestra mejor posición y la mejor alternativa de acuerdo.



## ¿QUÉ ES EL PODER?

Introduzcamos un concepto clave: El poder. No cabe duda que, para negociar, el poder es un elemento crucial. Pero: ¿Qué consideramos poder? La definición más simple es como siempre la más útil.

> Poder es la capacidad influir en la conducta de otro.

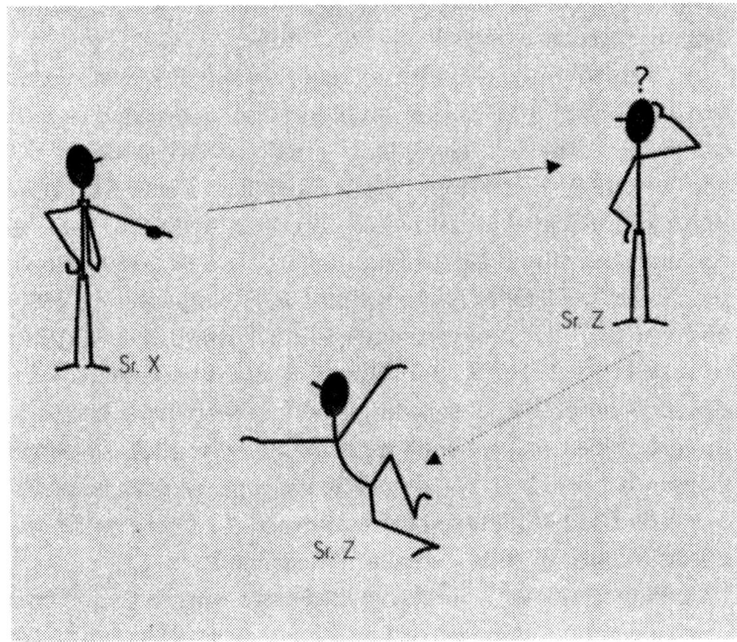

Pero: ¿Qué entendemos por poder? Una primera aproximación nos dice que un señor X tiene poder sobre un señor Z en la medida que es capaz de influir lo suficiente como para que este cambie su conducta.

En consecuencia el poder no es algo intrínseco a una persona o un puesto sino que es básicamente una relación de influencia.

No confundamos, no debemos identificar el poder con las atribuciones, los galones, el dinero etc. estas son formas posibles del poder de las que hablaremos más adelante, pero no son el poder en sí mismo.

Aunque parezca algo simple podemos afirmar que el señor X tiene poder sobre el señor Z en tanto es capaz de provocar en este último una conducta que el señor Z no desarrollaría si no fuera por la presencia del señor X. En nuestro gráfico lo vemos saltando, bien podíamos decir que el señor Z salta como efecto de la presencia del señor X, y que este no lo haría si estuviera sólo o en presencia de otro señor.

Veremos más adelante cómo se puede concretar este poder y bajo qué formas o tipos lo encontramos.

Destaquemos que el poder no es necesariamente una conducta explicitada. No tiene que ejecutarse o ser real para que actúe como tal. Veamos un ejemplo: si usted conduce su automóvil por una autopista desierta, y aprovechando la soledad supera el límite de velocidad establecido y observa a lo lejos un vehículo con una luz azul sobre el techo, ¿qué hace usted?, ¿espera con el pie sobre el acelerador hasta comprobar si realmente se trata de un coche patrulla? No, seguramente y de forma inmediata reduce su velocidad ante la posibilidad de que le sorprendan. No espera a comprobar si es o no un policía de tráfico, es más no importa saber si lleva o no detector de velocidad. La simple expectativa de que lo sea, de que tenga conectado su radar y de que esté dispuesto a sancionarle, provoca el cambio en su conducta: Reduce su velocidad automáticamente.

Queremos señalar la importancia de este aspecto ya que no es preciso detentar un poder real para que este sea efectivo. De ahí viene una gran parte del juego de la negociación en el que todos intentan aparentar algo que no tienen. Porque lo importante no es si algo es o no real; lo importante, lo que realmente produce cambios de conducta, es lo percibido por los otros.

> Así es, si así os parece. *Luigi Pirandello*

Si por el contrario el señor X no es capaz de conseguir que el señor Z cambie su conducta a pesar de su corbata, su gesto arrogante, etc. no existe ni el más mínimo atisbo de poder.

## LOS OCHO TIPOS DE PODER

Intentando concretar de forma más precisa de qué estamos hablando vamos a ver lo que se consideran los ocho tipos de poder. Aunque vamos a poner algunos ejemplos, no nos interesa tanto la ilustración en contenidos de cada uno de ellos sino el tipo de relación que establecen. Son los siguientes:

*Poder de castigar*

El señor Z obedece porque teme al señor X, porque existe algo que puede hacerle daño, que le puede resultar perjudicial y que quiere evitar a toda costa. Propone una relación que tiende a la evitación o la huida. Todos intentamos eludir los castigos o las situaciones desagradables. Algunos ejemplos podrían ser: sanciones, reprimendas, medidas disciplinarias, multas, informes desfavorables, ruptura de relaciones comerciales, etc.

*Poder de premiar*

El señor Z cambia su conducta en la medida que espera que el señor X le dé algo que desea. Para conseguir una recompensa en contrapartida a su cambio. Plantea una relación de dependencia que busca la gratificación. No sólo estamos hablando de recompensas o incentivos materiales y económicos, también podemos incluir aquellos aspectos intangibles que son considerados favorablemente. Serían ejemplos: dinero, incentivos, ventajas sociales, estatus, promoción laboral, reconocimiento profesional, etc.

*Poder de información*

Todos hemos oído la frase de que «información es poder». El señor Z cree que el señor X tiene tanta información de la situación, que si este propone que debe cambiar, lo mejor es hacerlo. Aunque no conozca o entienda las causas o razones del cambio, si él lo pide; por algo será, «está bien informado», «sabe lo que dice». Ejemplos: el periodista bien documentado, el confidente del presidente, el que está «bien conectado», etc.

*Poder normativo*

Nos referimos a aquel que se acepta como norma o convención social. Es una especie de legalidad no escrita que nos induce a cambiar la conducta. Un ejemplo nos ayudará a concretarlo:  usted está en el supermercado y un empleado le pide que en lugar de coger la caja de galletas de este montón debe cogerlo del otro, usted le atiende y probablemente coge la caja siguiendo las instrucciones del empleado, otro ejemplo, usted llega a un hotel y deja su maleta junto a una columna y se dirige al mostrador para registrarse, el recepcionista le pide que ponga la maleta junto al mostrador. Probablemente usted cambie la maletá de sitio, etc. Ni el empleado del supermercado, ni el recepcionista del hotel, tienen capacidad de sancionarle u obligarle, pero atendemos sus consignas y aceptamos que tienen poder sobre nosotros por una convención no escrita que dice: «él manda en este espacio». En última instancia es la capacidad de generar normas.



## Poder experto

Está fundamentado en el respeto que tiene quien obedece, respecto al saber de quien manda. No debe ser así necesariamente pero quien tiene mayor experiencia y conocimientos tiene a su vez una capacidad realmente importante para influir o actuar como prescriptor o consejero. Veamos algún ejemplo: No es lo mismo que yo le aconseje a usted sobre cómo invertir sus ahorros a que lo haga un agente de bolsa, ¿no puedo yo «saber» tanto o más que un agente? No es lo mismo las sugerencias que usted encuentra en este libro sobre negociación a lo que su agente de bolsa le sugiera. ¿No puede «saber» él, tanto o más sobre negociación? Quizá sí, pero generalmente es más fácil reconocerle conocimientos a un profesional del tema. Tenemos otro ejemplo en cómo influyen sobre la conducta de consumidores o espectadores, las apariciones de expertos en los medios de comunicación.

## Poder carismático

En este caso, sin ser tan preciso como los anteriores, estamos hablando de la capacidad de convicción que tienen determinadas personas. No nos referimos a la argumentación atinada, sino a cierta habilidad en la comunicación que hace que determinadas personas consigan de otras lo que se proponen. Es una mezcla de seducción y empatía. No es necesariamente alguien simpático o seductor, es aquel a quien es muy difícil decirle que no, y que casi siempre consigue lo que quiere. Sirve como ejemplo aquel colega que siempre llega tarde pero que consigue que nadie se enoje con él, el mismo retraso en otra persona provoca disgusto y palabras de desaprobación, pensemos en ese compañero que consigue en pocas frases el apoyo de ese cliente que durante días se resistía a nuestras propuestas. ¿Utiliza argumentos distintos, se expresa mejor?, generalmente no. Su habilidad es global, una ajustada combinación de complicidad, decisión y sensualidad. Difícil de encontrar, casi imposible de aprender, pero muy útil en la práctica.

## Poder de relaciones

Es un tipo de poder diferido y que no se basa en las habilidades o capacidades de quien lo utiliza sino en su conexión con otras personas que si tienen cualquiera de las capacidades anteriores. Para entendernos, estamos hablando del «amigo de…» el «pariente de…» etc. Ninguno de ellos es personalmente alguien con poder real pero su vinculación, proximidad, o relación con otro individuo, este sí poderoso, le confiere por una especie de transitividad, cierto poder. Buenos ejemplos los encontramos entre los miembros de una familia. Llamarse Kennedy en Estados Unidos confiere un estatus y un indudable poder, pero estar emparentado con alguno de ellos también, incluso simplemente ser de su círculo de amistades. Sucede cuando preguntamos en una empresa: ¿por qué fulanito tiene semejante trato de favor?, y nos contestan aquello de: «Es muy amigo del presidente». En alguna ocasión todos hemos estado tentados de utilizar aquello de «usted no sabe con quien está hablando, tengo amigos muy influyentes».

## *Poder afectivo*

Probablemente uno de los poderes por excelencia que básicamente está fundado en la relación personal o emocional de vinculación. En cierta medida es el endeudamiento con la persona, en tanto que nuestra situación actual depende en cierto sentido de los vínculos afectivos que pueden unirnos. Un buen ejemplo es el que se establece entre los miembros de una empresa familiar, también en aquellas situaciones en que nuestra conducta varía respecto aquella persona porque «le debemos tanto...», siempre comporta una especie de reciprocidad, aquello de que «sino fuera por él». Esa especie de deuda moral que le confiere una especial autoridad sobre nosotros y que es muy difícil llegar a despejar. El viejo profesor, el antiguo colega, el amigo de siempre, ejercen en ocasiones formas de poder en este sentido.

## ¿TENER PODER? O ¿CONSEGUIR PODER?

Visto lo anterior, que puede parecer genérico, intentemos ponerlo en práctica. Un ejemplo cotidiano puede ayudarnos: la relación monitor asistente en un curso de formación. Para ilustrar el concepto proponemos en nuestros talleres y seminarios de aprendizaje hacer el ejercicio de evaluar cuántos de estos poderes tiene el monitor sobre los asistentes. Hagamos la prueba. Situémonos en un aula, en el contexto de una taller de entrenamiento en el que asisten profesionales de distintas empresas. Acabamos de explicar los ocho tipos de poder y les preguntamos si el monitor respecto a ellos:

### *¿Tiene poder de castigo?*

Se producen algunas sonrisas: «De ninguna manera» dice algunos de los asistentes. Suele ser interrumpido por otra persona que pregunta: «¿Hace usted informes sobre los asistentes? Si es así usted podría dar muy malas referencias mías a mi empresa y esto sí sería un castigo». En este momento se produce un silencio. ¿Hay o no hay informes?, seguramente piensan que no, pero si para alguno de los asistentes la suposición es afirmativa y cree que se elaboran informes evaluativos de los asistentes, automáticamente el monitor pasará a tener un claro poder de influencia sobre ese señor. No es importante la realidad a la que claramente contestamos diciendo: «Tranquilos que no existen tales informes». Si alguien no nos cree y sigue pensando que es una respuesta de compromiso, tenemos un claro poder coercitivo sobre esa persona. Si nuestra respuesta se acompaña de una sonrisa o alguna pequeña broma, puede aumentar el numero de personas que nos den ese poder y se sientan amenazadas.

El poder no se tiene, se otorga.

### ¿Tiene poder de premiar?

Generalmente se responde de manera semejante a la ya citada y serviría el mismo ejemplo de los informes. Podemos añadir otra cosa a estos dos tipos de poder comentados. El monitor podría destacar, ensalzar o descalificar y ridiculizar la intervención de un asistente y esta sería otra forma de premiar o castigar.

### ¿Tiene poder de información?

Es difícil que le reconozcan que dispone de información privilegiada respecto al funcionamiento de alguna de las organizaciones presentes que podría conferirle cierto grado de poder.

### ¿Tiene poder normativo?

Como se dice vulgarmente: «En el aula, quien tiene el rotulador tiene el poder». Por el mero hecho de ser el monitor puede marcar un horario, proponer y conseguir que los asistentes vayan pasando por los diferentes ejercicios sin necesidad de razonar ni defender explícitamente su conveniencia. Un asistente necesita de un gran esfuerzo de razonamiento, consenso y seducción para cambiar un ejercicio, un horario o una actividad.



## ¿Tiene poder experto?

Evidentemente, los asistentes están escuchando y tomando notas, principalmente porque «suponen» que el monitor tiene unos conocimientos que le hacen experto en la materia. Nadie reclama inicialmente que se demuestren los conocimientos del monitor.

## ¿Tiene poder carismático?

A pesar de que depende de los grupos y de las personas, probablemente no sea así.

## ¿Tiene poder de relaciones?

Si no está introducido en el sector de trabajo de los asistentes y no ha demostrado que conoce sus empresas es probable que tampoco.

## ¿Tiene poder afectivo?

Es muy posible que tampoco.

Completamos el ejercicio preguntando a los asistentes que tipos de poder tienen ellos sobre el monitor. Si repetimos las preguntas a la inversa podemos ver que:

## ¿Tienen poder de castigo?

En la misma medida a través de los cuestionarios de satisfacción que indefectiblemente se pide que rellenen los asistentes. Ellos pueden señalar lo tedioso e inútil de su participación en la acción formativa.

## ¿Tienen poder de premiar?

Puede servirnos la respuesta anterior. Los asistentes, además, pueden sugerir o dar a entender al monitor que pueden contratar más seminarios de formación en negociación en sus respectivas empresas.

*¿Tienen poder de información?*
Cabe la posibilidad de que los asistentes perciban que tienen datos útiles para el monitor.

*¿Tienen poder normativo?*
Como se dice vulgarmente: «el cliente siempre tiene razón». El asistente en tanto que cliente puede hacer que el monitor conteste preguntas, repita partes de lo hecho, vaya más rápido o más lento.

*¿Tienen poder experto?*
Si existe alguna materia en la que el monitor quiere profundizar será evidente que sí.

*¿Tienen poder carismático?*
A pesar de que depende de los grupos y de las personas, probablemente no sea así.

*¿Tienen poder de relaciones?*
Nuevamente los asistentes pueden sugerir al monitor que en el caso de quedar satisfechos pueden conseguir clientes en otras empresas dado sus contactos en el sector en el que trabajan.

*¿Tienen poder afectivo?*
Es muy posible que tampoco.

Como hemos ejemplificado ambas partes tienen poder sobre la otra. El poder no está especialmente desequilibrado en apariencia. En el caso de que no fuera así la dominación de una parte sobre la otra haría imposible la relación simétrica y entraríamos en conductas de sometimiento que están muy alejadas de la negociación.

En este punto lo interesante es conocer si nuestra interpretación del poder de cada uno es cierta. Hay quien afirma que ofrecerle más trabajo al monitor, proponerle alargar el seminario o repetirlo en otra ocasión es claramente una recompensa. ¿Seguro que es una recompensa ofrecerle más seminarios al monitor? ¿De qué depende que sea así? Si nos tomamos la molestia de elucubrar un poco podemos cambiar nuestra percepción de la situación: ¿Y si está impartiendo este taller para atender un compromiso adquirido con una tercera persona? ¿Y si estos seminarios están peor pagados que su actividad habitual? ¿Y si lo está haciendo sin ser realmente un experto y se ha preparado este seminario plagiando uno al que asistió? Cierto, todo son suposiciones, pero... ¿y en el caso de que no fuera así?, si sólo una de ellas fuera cierta, el supuesto poder de premiar con: «más trabajo», simplemente desaparecería. El poder no existiría porque no existiría la necesidad de premio.

> El miedo al castigo da poder a quien castiga.

Esto lo podemos aplicar igualmente al resto de poderes. Es el miedo y el temor a que nos castiguen lo que da poder a quien castiga. Es la necesidad de relaciones la que nos hace dependientes y obedientes de quien las tiene, etc.

## LOS INTERESES

Como consecuencia de lo que hemos expuesto afirmamos que: existe poder si existe necesidad, y esta no es otra cosa que los intereses de cada una de las partes. Podemos afirmar que existe relación de negociación en la medida en que existen intereses comunes, esto quiere decir que una parte necesita en cierta forma de la otra o como expresábamos antes, tiene poder sobre la otra.

> Interés = Necesidad = Poder

No cabe lugar a dudas de que quien tiene menos necesidades es más difícil de influir. No piense usted inmediatamente en un potentado, en un nombre famoso, con toda seguridad algunos vagabundos cumplirían también ese requisito, no necesitan de nada ni de nadie.

También es cierto que una persona poderosa es aquella de quien depende, en términos de intereses, mucha gente o que puede atender necesidades de otras.

> Es más rico, no quien más tiene, sino quien menos necesita.
>
> *Refrán popular*

Lógicamente ninguno de nosotros expresamos fácilmente nuestros intereses, estos deberán ser descubiertos por la otra parte. Es más, cuando alguien le manifiesta directamente sus necesidades o intereses le está confiando algo personal, que le hace vulnerable. Desconfíe si esto sucede cuando inicie una relación.

Los intereses son algo que acostumbra a estar oculto como la parte hundida de un iceberg. Son aquello que no se manifiesta, pero que realmente está detrás de lo que se habla.

Durante la interacción en la que conversamos, discutimos y hablamos sobre nuestros objetivos, nuestras posiciones, etc., en ningún momento aparecerán las necesidades reales. En rarísimas ocasiones se habla de ellas directamente ya que conocerlas implicaría poco más que entregarse en brazos de la otra parte. Es por ello que las dos partes tienen intereses ocultos, los intereses de X (I X) son los que deben ser atendidos a la vez que los de Z (I Z), esto es lo que realmente cuenta y la razón por la cual están uno frente al otro. En cambio durante la conversación se hablará de los objetivos de X (O X) y los objetivos de Z (O Z). La necesaria profundización en los intereses de la otra parte será siempre indirecta, deducida o interpretada. Pero ¿qué tipo de intereses pueden ser tan ocultos?, simplemente aquellos que le han llevado hasta este punto. Por ejemplo: su jefe le ha dicho que esta es su última oportunidad de resolver el conflicto; o que no tiene otro proveedor mejor que ese con el que está hablando; o que debe resolverlo antes de finalizar la jornada; que le han dado la consigna de que acuerde a cualquier precio; o que es preciso cerrar a cualquier precio que se proponga salvando una buena relación; o que desea conseguir un buen precio para ganar una medalla frente a su empresa; etc.

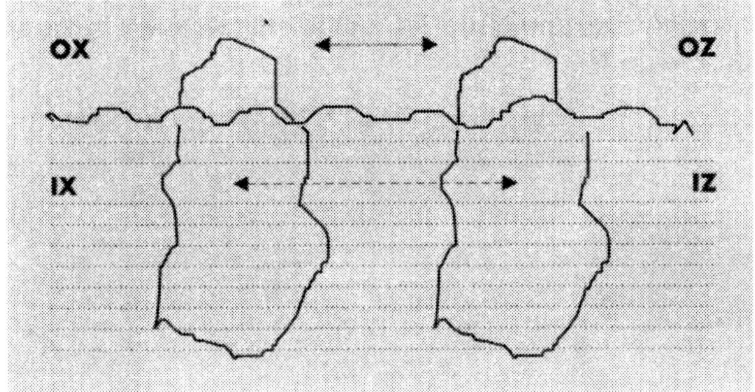


## LA CLAVE DEL PODER

De forma sintética podríamos afirmar que usted conseguirá poder en la medida en que sea capaz de identificar lo que usted y otras personas desean en realidad. Debemos ser honestos y saber discriminar cuando deseamos algo o simplemente queremos el símbolo de lo que en realidad se desea.

Si otros controlan lo que usted desea y usted controla lo que ellos desean, realmente usted controla lo que usted desea. No se trata de un trabalenguas, simplemente usted tiene la llave que le puede permitir abrir la puerta que quiere traspasar, el único requisito es ser un hábil negociador y no distraerse con símbolos, formas y otras martingalas.

## GANAR Y PERDER

Casi en cualquier libro sobre negociación que caiga en sus manos encontrará el siguiente cuadro, que clasifica y simplifica las tipologías de las negociaciones basadas en las ganancias y pérdidas de cada una de las partes. En nuestro caso seguimos con X y Z.

Veamos qué puede suceder simplificando los resultados en ganar o perder.

| | | **X** | |
|---|---|---|---|
| | | Ganar | Perder |
| **Z** | Ganar | Ganar-Ganar | Ganar-Perder |
| | Perder | Perder-Ganar | Perder-Perder |

Observando el cuadro vemos como existen posiciones de pérdida aceptadas por una de las partes. Estas pérdidas se pueden dar en la realidad siempre que se trate de pérdidas poco significativas o a corto plazo y que realmente nos permitan obtener otras y mejores ganancias a largo plazo. En este sentido no estaríamos hablando exactamente de pérdida.

Lógicamente las posiciones que nos interesan para negociar son las de: ganar/ganar y la de ganar/perder. Siempre, tanto en un caso como en otro, intentamos que la posición de ganar sea la nuestra. A pesar de ello no hay que olvidar que la otra parte no querrá perder y luchará para evitar su derrota. Es este un momento delicado, en una situación como esta las dos partes están dispuestas a luchar para conseguir sus ganancias a costa  de las pérdidas del otro, por lo que es muy posible que se entre en una dinámica de perder/perder que acabe rompiendo la negociación bajo acusaciones mutuas de falta de interés en llegar a acuerdos y excesiva rigidez en las posiciones propias. Desgraciadamente esto ocurre demasiadas veces.

Es importante el inicio, pues las posiciones presentadas crean orientaciones precisas que será difícil corregir una vez metidos en harina. Desde luego si se empieza con algo de lo comentado más arriba será muy difícil que las partes lleguen a una táctica de ganar/ganar, ya que las energías desatadas en la lucha habrán provocado un distanciamiento no recuperable. Sólo en ciertas ocasiones esto se podrá recuperar ante la imperiosa necesidad de llegar a un acuerdo, aunque incluso en este caso con una elevada insatisfacción de los negociadores.

Si este razonamiento lo llevamos a la dinámica interna de la organización, no pensando en las negociaciones con personas externas, proveedores o clientes, sino que lo ejemplificamos en el seno de un grupo de trabajo, podemos observar aspectos interesantes.

## COOPERAR Y/O COMPETIR

No sólo en una negociación, en cualquier interacción grupal dentro o fuera de una organización podemos identificar dos variables: cooperación y competitividad. En todo grupo de trabajo o tarea conjunta nos encontramos que estas interactúan de forma constante dando lugar a situaciones que vamos a estudiar. Antes intentaremos, para no equivocar su interpretación, dar unas sencillas definiciones de estos términos que nos ayudarán en la presentación del esquema.

Entendemos por competitividad, no la agresión, sino la utilización de la energía en la búsqueda de resultados u objetivos. No debemos confundirla con la impulsiva violencia hacia la otra parte ni el interés en dañar al contrario. Ella comporta una clara orientación a resultados sin violencia pero con convicción. Podríamos expresarlo con dos palabras: «Quiero ganar».

> Competitividad es la capacidad e interés en orientarse hacia un objetivo.

Cuando hablamos de cooperación nos referimos a la capacidad de comunicar y compartir inquietudes. No es obligatoriamente coincidencia o renuncia, es simplemente la disponibilidad para el necesario cambio de impresiones. Básicamente comporta una escucha activa y una expresión asertiva de intereses y necesidades.

> Cooperación es la capacidad y disponibilidad para comunicarse con otro.

Desde estas definiciones, y en los sentidos expresados con ellas, cruzamos estas variables y podemos observar el siguiente cuadro. Según entendamos que la presencia de la capacidad de cooperar y competir es mayor o menor.

| | | Competir | |
|---|---|---|---|
| | | Alta | Baja |
| Cooperar | Baja | Baja cooperación<br>Alta competitividad<br>Guerra | Baja cooperación<br>Baja competitividad<br>Aislamiento |
| | Alta | Alta cooperación<br>Alta competitividad<br>Pacto | Alta cooperación<br>Baja competitividad<br>Aparente armonía |

Este cuadro simplifica excesivamente la realidad pero, en un afán didáctico, comentaremos las cuatro posiciones básicas que ayudan a entender la vida en los grupos. Ilustraremos cada posición con un caso real a fin de facilitar su comprensión.

*Baja cooperación y alta competitividad*
Son aquellas situaciones que parten del supuesto de que para que exista un ganador debe existir un perdedor. En este sentido se busca la mínima ganancia que garantice la pérdida del otro. Todas las energías están orientadas más a la victoria que a la ganancia. Se compararán los logros y se trata de salir ventajoso en la comparación. En una situación de este estilo ganará siempre el más fuerte o quien esté dispuesto a perder más: «ganamos la guerra, nosotros tuvimos 50.000 bajas y ellos 52.000, hemos ganado». El coste de la victoria generalmente no compensa. En castellano tenemos una expresión que la define, es lo que llamamos: «victoria pírrica», que según el diccionario es: «la victoria que lo es sólo de nombre pues deja maltrecho al vencedor» (*sic*).

Caso Presionsa

Hace unos años requirió mis servicios una empresa del sector de gran consumo que llamaremos Presionsa, quería trabajar en la mejora de la colaboración en su equipo de ventas.

La empresa seguía la práctica de ordenar en un ranking anual su casi un centenar de vendedores. Hasta aquí nada de especial. La diferencia estaba en que sistemática y anualmente despedían a aquellos comerciales que estaban más allá del puesto setenta, hubiesen o no cumplido los objetivos asignados. Aparte de que esta decisión suponía una rotación anual del 30% de su cuerpo de ventas, las consecuencias de esta práctica eran claras. Los vendedores se ocupaban de conseguir pedidos y clientes durante los meses de enero a octubre, a partir de esta fecha todos se ocupaban en observarse mutuamente e intentar no ser despedidos a final de año.

El incidente más grave, y que desencadenó su demanda de ayuda se dio cuando un cliente denunció que había mandado a la oficina central un fax con un pedido para un comercial . Este pedido no llegó nunca y se encontraron restos del fax en una papelera de la zona de administración. Parece ser que otro comercial perjudicado por la ganancia de un compañero, para no quedarse fuera decidió tomar un camino equívoco . Aunque no llegaron a identificar al responsable, esta no era la primera vez que sucedía algo parecido. La tendencia era que el período de mutua vigilancia aumentara a costa del tiempo dedicado a la producción.

## APARENTE ARMONÍA

*Alta cooperación y baja competitividad:*
Es lo inverso de lo anterior. Las energías se orientan a mantener buenas relaciones. A menudo se confunde esta posición con el equipo, no es un equipo ya que no se basa en el intercambio sino en la idea de que «todos somos y debemos estar iguales». Es una posición peligrosa en la que la apariencia de armonía puede confundir a todos. En este tipo de grupos el ambiente es cálido y agradable. En todo momento y situación domina la polivalencia y el apoyo; sin embargo, como en el siguiente caso puede llegar a ser perjudicial.

### Caso Marfan

Esta es una rica vivencia personal, que me sucedió cuando trabajé en un equipo que llamaremos Marfan. Una de mis primeras experiencias profesionales se dio en un equipo compuesto por ocho personas de las que Ramón era el jefe. El clima era excelente, la relación cordial y Ramón jamás tuvo que ejercer su autoridad, por la sencilla razón de que siempre estábamos de acuerdo y coincidíamos en las decisiones adecuadas. La relación era tan buena que incluso compartimos algunas excursiones fuera del horario laboral.

Después de un año de trabajo nos despidieron a los ocho, por bajo rendimiento Ramón incluido,. Nuestra sorpresa fue absoluta y nuestra oposición frontal. Después de múltiples intentos infructuosos por recuperar nuestro empleo, el grupo se dispersó y no volvimos a vernos más.

Tuvieron que pasar más de diez años para que entendiera qué pasó realmente. Fue en la cola de un cine donde reconocí a uno de los colegas con quien había compartido aquella experiencia. Nos saludamos efusivamente y cambiamos el cine por una cena llena de evocaciones y recuerdos. Durante la cena el colega me preguntó: «¿Tú no creías que Ramón se equivocaba?»; para mi sorpresa respondí: «Sí», él siguió preguntando: «¿No crees que Eva, no daba la talla para ese trabajo?», nuevamente asentí. «¿Y que Carlos podía hacer más y se conformaba con un mínimo esfuerzo?», otra afirmación. Y finalmente la cuestión clave: «¿Por qué tú no decías nada?. Me quedé asombrado de su pregunta, en ese momento desconocía la respuesta, tuve que pensar unos instantes hasta que, casi sin querer me surgió la frase: «El ambiente era tan bueno...».

Exactamente, aquí tenemos un claro ejemplo de cómo se antepone la cooperación y la relación al rendimiento. Si es necesario bajar el rendimiento de todos para no poner en evidencia a Eva; lo haremos en lugar de señalar su necesidad de formación, ayuda, etc. En una situación como esta la discrepancia es percibida como distorsión o conflicto y se huye de ella. Como nos llevamos bien aparentemente todo funciona, y alguien puede confundirlo con un equipo, pero no nos engañemos, estamos ante una patología laboral llamada «grupismo». Anteponemos nuestra buena relación y el consenso a los resultados. Si el lector es una persona con una experiencia laboral diversa, es muy probable que reconozca esta posición, incluso que la haya experimentado. Si es así seguro que sabe de qué estamos hablando. Se trata de situaciones en las que domina la sensación de que «los de dentro» son amigos y «los de fuera» enemigos, y que en consecuencia, «nadie es mejor» que nosotros.

## AISLAMIENTO

*Baja cooperación y baja competitividad:*
No se dedican las energías a conseguir los objetivos y por otra parte tampoco se invierte en comunicación o intercambio de opiniones e ideas. La consecuencia será un importante aislamiento que sólo se controla desde el funcionamiento normativo y la burocracia. Los miembros del grupo de trabajo se centran en las tareas asignadas. No necesariamente debe identificarse con la burocracia de la administración pública, ya que podemos encontrarla en diferentes escenarios organizacionales.

Caso Banco Esmerado

Lógicamente este banco no existe, pero lo que sí les garantizo es que lo que a continuación les voy a relatar, sucedió en una prestigiosa entidad financiera.

Conocí hace unos años un equipo de trabajo ocupado en diseñar nuevos procesos administrativos para la tramitación de unas operaciones. Todos los miembros del equipo trabajaban con una planificación anual muy concreta, con un sistema muy detallado de tareas y funciones, existían aplicaciones informáticas precisas para cada puesto. Los manuales de procedimiento eran ley que todos cumplían con una eficiencia religiosa.

Sorprendido por lo exhaustivo de su trabajo, su organización interna y lo detallado de su planificación pregunté a uno de sus miembros: «¿Cuál es su trabajo?» su respuesta me sorprendió: «Hacer lo que me dicen». Yo seguí insistiendo: «Pero ¿para qué sirve lo que usted está haciendo en este momento?». Nueva sorpresa: «Ni lo sé ni me importa, mi jefe ha dicho que lo quiere con el nivel tres de desarrollo y que lo necesita para el lunes a las ocho, y ahí estará. Yo siempre hago lo que me dicen, como me dicen y cuando me dicen, no me pagan para pensar».

Habían requerido mis servicios ante la inminente disolución de ese departamento por su bajo rendimiento. Una vez más alta eficiencia y mínima eficacia.

Al preguntarle a mi entrevistado si él creía que habría una forma mejor de resolver el problema que se le presentaba, se limitó a levantar los hombros. Cuando insistí respecto a si lo había comentado con sus colegas de trabajo, me dedicó media sonrisa sardónica y me respondió: «Menudos canallas... yo a lo mío, y ellos a lo suyo».

Esta es una de las típicas situaciones de aislamiento. Detallados procesos que trocean la tarea para no tener que colaborar ni ocuparse de los objetivos globales.

## PACTO

*Alta cooperación y alta competitividad:*
Son aquellas situaciones que parten de poner las energías no sólo en la consecución de los objetivos sino también en el intercambio. En esta situación sólo el pacto, la negociación y, en última instancia, la búsqueda de acuerdos permite el éxito. Podemos afirmar que este es el auténtico trabajo en equipo. Entendemos el trabajo en equipo como un pacto de distribución de trabajo. Es en estos casos en los que realmente vemos una negociación, en parte forzada por la necesidad de trabajar juntos pero a fin de cuentas una efectiva búsqueda de un acuerdo gana/gana para los miembros. Una experiencia vivida hace unos años lo ilustrará mejor:

## Caso Simplex SA

El director general de una conocida empresa de gran consumo me pidió en una ocasión que asistiera a una reunión con su equipo. No me especificaba el motivo de su requerimiento pero una antigua colaboración nos unía, así que accedí a su petición. La reunión en cuestión comprendía al director de fabricación, el director de marketing y el director comercial en presencia del director general.

Durante la reunión el responsable de marketing presentaba un objeto promocional, una especie de abanico de cartulina, como campaña previa a la aparición de un nuevo producto. Su intención era que dicho objeto estuviese en el envase del producto estrella de la marca para así preparar a los clientes para la introducción del nuevo producto. Durante veinte minutos mostró las excelencias del diseño, su evocación de las prestaciones, etc. Durante este tiempo el responsable de producción parecía no atender y sólo se dedicaba a manipular el objeto. Finalmente expresó el motivo de su silencio: «Este trasto nos dará problemas para meterlo en las cajas, hay que poner nuevos servidores de papel, cambiar el precintado, hacer pruebas... voy retrasado en mi planificación, meter esto nos hará retrasarnos aún más». El responsable de marketing inició una ristra de argumentos en favor de la conveniencia de introducir el objeto, que fueron rebatidos desde fabricación por un montón de inconvenientes. La discusión fue subiendo de tono hasta que se produjo un silencio y se dirigieron todas las miradas al director general. Este sentenció: «Que se ponga el abanico y basta».

Pregunté al director si siempre eran así las reuniones, y sin decirme nada insistió en que asistiera a la siguiente. Un mes después volvíamos a estar allí. El responsable de marketing traía un pequeño blister con una muestra del producto a introducir. Había llegado el momento de que los clientes lo probaran y tenía que adjuntarse como obsequio. Iba a empezar su exposición cuando el hombre de producción lo interrumpió: «Un momento, por favor, quiero aportar unos datos», acto seguido encendió el aparato de transparencias y fue mostrando datos de los costes en tiempo y dinero que había supuesto durante el último mes la introducción del objeto promocional. Durante treinta minutos presentó: costes de las pruebas en tiempo, en mano de obra, en material rechazado, inversión en buscar proveedores, tiempo dedicado a formación, averías provocadas por la introducción de modificaciones, dificultades de almacenamiento, etc. Finalizada su presentación, los datos eran abrumadores y el hombre de marketing avergonzado miraba al director. Este dio un tremendo puñetazo sobre la mesa y dijo: «Señores tienen seis meses para llegar a trabajar en equipo, si no es así los despido a los tres», se levantó y salió de la sala.

Una vez a solas me explicó: «Esto parece el patio de un colegio, en el que yo tengo que decidir "de quién es la pelota". ¿Puede imaginarse el tiempo que ha invertido el jefe de producción para preparar este informe? Él, su secretaria, todo su equipo ha tenido que trabajar para preparar estos datos en lugar de trabajar para producir más y mejor. Lo ha hecho sólo para vengarse porque "la pelota" se la di a su colega».

El equipo hizo algunos intentos para resolver sus diferencias. Un primer intento fue establecer que sus incentivos variables no se cobrarían en función del trabajo de cada área sino que serían tres partes del beneficio general de la empresa. Dos meses más tarde los beneficios no fueron los esperados y cada uno culpaba al otro de no haber trabajado suficiente. En otro intento, más tarde, se encontraron durante un fin de semana para hablar cara a cara y decirse, en forma casi catártica, lo que pensaban el uno del otro y «limpiar» sus conflictos personales. Esto se notó durante unos días, pero sólo influyó en que las formas de la discusión se suavizaron, sin embargo, al poco tiempo volvieron a estar como al principio.

Ocupamos algunos meses en salir de la situación de guerra o la de aparente armonía, llegamos al gana/gana como pacto, cuando conseguimos que a la propuesta de cambio le acompañara una contrapartida. Es decir, ante una propuesta: «Tenemos que poner este abanico en los paquetes a partir del próximo mes», habría una contra-propuesta: «Lo pondré una semana antes si durante tres meses no introduces novedades».Y así sucesivamente «Imposible, pero retraso una semana la introducción y te doy dos meses y medio sin novedades», y así empezó todo. Una desventaja a corto plazo se compensa con otra a medio. Cada uno de ellos pudo ganar a medio plazo.

## LOS MOMENTOS DE LA NEGOCIACIÓN

En la práctica podemos distinguir dos fases diferenciadas: Planificación e interacción. La planificación nos ocupará el 80% de nuestro tiempo y se invertirá en un buen análisis de las variables en juego. Básicamente se trata de analizar correctamente nuestros intereses o necesidades.

## EN CONCEPTO DE NECESIDAD

Para poder negociar sin sorpresas debemos invertir en conocer al otro y a nosotros mismos. Tendremos que establecer con nitidez nuestros intereses o necesidades contemplando el valor que tienen para nosotros, así como los recursos de que disponemos y el coste que nos supone usarlos durante la negociación. Deberemos repetir esta operación pensando en la otra parte.

| Nosotros | Ellos |
| --- | --- |
| Necesidades<br>Valor ◄ | Recursos<br>Coste |
| Recursos<br>Coste | Necesidades<br>► Valor |

La idea que sustenta este esquema es que intentaremos atender a nuestras necesidades de mayor valor con el menor coste posible por parte del otro. Si podemos a su vez atender las necesidades de la otra parte con un mínimo coste para nosotros tendremos el acuerdo ideal gana/gana.

Lo importante es distinguir que cuando hablamos de necesidades nos estamos refiriendo a aspectos inconfesables, aquellos que dan poder a la otra parte y que en el fondo hacen que estemos buscando un acuerdo. Hablamos de aspectos irrenunciables que debemos atender y que no hacerlo supondría la ruptura de la negociación o el desinterés en el acuerdo.

Cuando hablamos de recursos, nos referimos a los temas, variables y contenidos de los que hablaremos abiertamente durante la interacción, en el cara a cara. Generalmente se refieren a: dinero, plazos, contrapartidas, compensaciones, condiciones, etc. de las que disponemos, que atienden a las necesidades de la otra parte y que estamos dispuesto a intercambiar.

En el apartado de técnicas detallaremos operativamente como hacer este trabajo y lo ilustraremos con el Caso Greengrass.

## BANDA DE OBJETIVOS

A diferencia de otras situaciones, en la negociación un objetivo no señala un punto preciso sino una banda de posibilidades. Debemos señalar:

> *Ruptura:* Nuestro límite inferior por debajo del cual es mejor romper o no llegar al acuerdo. (A)
>
> *Zona Objetivo:* Intervalo en el que consideraremos un acuerdo óptimo. (B-C)
>
> *Ideal:* Punto máximo deseado. (D)

Acostumbra a graficarse en forma de banda en la que cada letra (A, B, C, D y E) se sustituye por el valor concreto; un precio, un plazo etc.

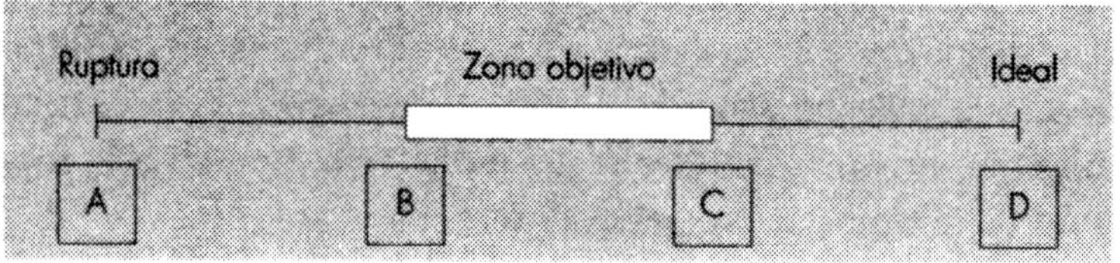


## A. *Ruptura*

Si usted es coherente se fijará un punto máximo para cada variable que negocie, por debajo de la cual tendrá claro que no interesa en absoluto seguir la negociación. Es el punto más bajo que usted puede admitir. Tiene la función de no llegar a perder bajo ningún concepto. Para ello deberemos calcular cuál es exactamente este punto.

## B. *Zona objetivo baja*

Dentro del acuerdo deseado tenemos que fijar en qué intervalo queremos negociar. Este punto nos marca el mínimo admisible. Es útil para saber en qué momento estamos saliendo del acuerdo que buscamos y entramos en concesiones que deben estar muy bien contrarrestadas.

## C. *Zona objetivo alta*

Dentro del acuerdo deseado y fijado el intervalo en que queremos negociar. Este punto nos marca el máximo deseado. Es útil para saber en qué momento estamos dentro del acuerdo que buscamos y cuándo entramos en los intercambios útiles.

## D. *Ideal*

Sin representar una utopía inalcanzable, expresa aquellos deseos o logros que, aunque no lucharemos por conseguirlos, sirven para iniciar la negociación. Acostumbran a ser la posición de salida que, aunque ambas partes sabemos que no es el punto en el que cerraremos, fija el punto a partir del cual se iniciará el trabajo.

Es muy importante marcar con claridad la banda de objetivos *a priori* pues son la garantía de que no nos vamos a perder durante la interacción a la vez que nos posiciona respecto a las posibles tácticas a utilizar.

Una vez clarificada nuestra banda hay que trabajar en la de la otra parte con el mismo interés y rigurosidad.

Cuando tengamos construidas ambas podemos compararlas si las dibujamos. Obsérvese que cuando graficamos la otra parte, ruptura e ideal están en orden inverso para que puedan coincidir si expresamos los valores.

Una vez superpuestos ambos gráficos:

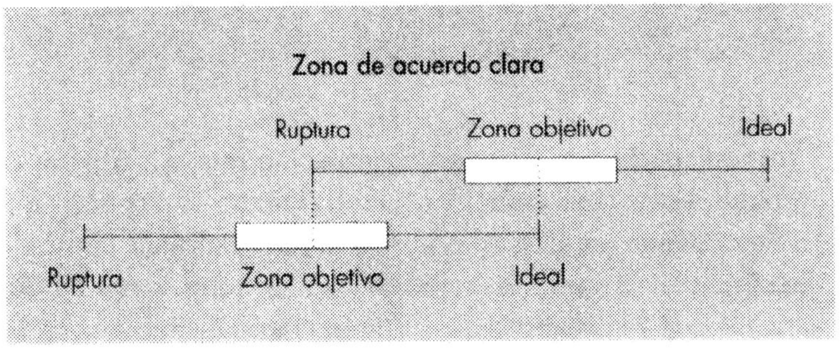

La zona de acuerdo, es clara y si los negociadores no se empeñan en utilizar tácticas irritantes o duras se llegará probablemente a un acuerdo dentro de estos márgenes.

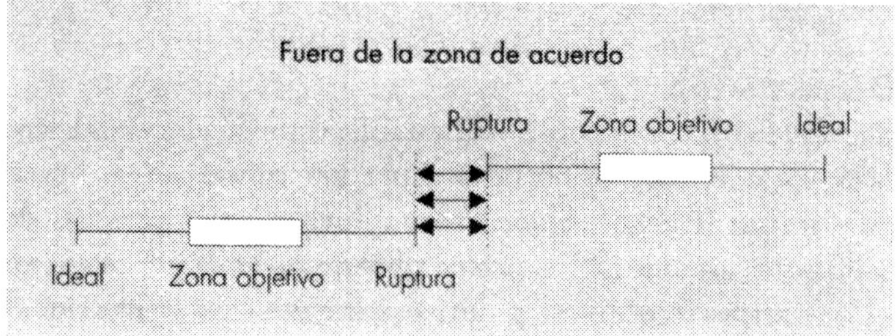


La zona de acuerdo queda fuera de los límites que se han fijado. Será imposible llegar a un acuerdo ya que la mejor oferta no llegará a lo mínimo esperado y no existirá acuerdo. La única posibilidad es que este límite se cambie, en caso contrario la ruptura está garantizada.

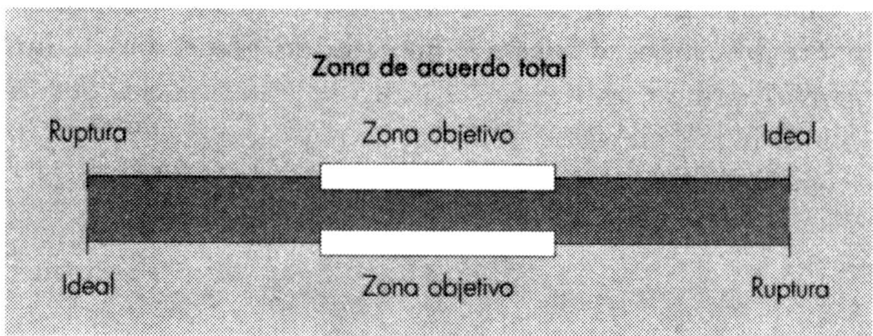


Aunque parezca mentira o una situación inusual. A pesar de ello que veamos una coincidencia tan clara no quiere decir que la negociación sea fácil ni que el acuerdo se alcance con rapidez. En estas situaciones, como en las anteriores, serán las tácticas las que facilitarán o dificultarán el avance más allá de las propias posibilidades planificadas. No sería la primera ocasión  en que se rompe la negociación en una situación de este estilo por falta de experiencia de las partes.



## EL MOMENTO DE LA VERDAD

A todos nos interesa llegar a este momento con los deberes hechos y para ello suponemos al lector instruido y con los conceptos ordenados para iniciar el cara a cara.

## LAS TRES «T»: TERRITORIO, TIEMPO Y TEMA

No sólo en la negociación, prácticamente en cualquier interacción profesional, deberíamos como mínimo controlar estas tres «t»: ¿Dónde va pasar?, ¿cuándo pasará? y ¿qué queremos que pase? Si existen unos mínimos para planificar precisamente son estos.

### *¿Dónde?: Territorio*

Esta es la primera pregunta y una cuestión que con frecuencia se plantean los negociadores noveles y que con frecuencia se responde con un razonamiento bastante simple que intentaremos hacer a continuación. Generalmente esta pregunta se refiere a situaciones o fantasías de dominio: «Si está en mí terreno, podré mejor con él». No es cierto. La respuesta más adecuada sería la de que si está en «tu terreno», eres «tú» quien se siente más seguro y cree dominar más. Podemos encontrar razones objetivas que nos argumenten las ventajas, datos disponibles, apoyo de otras personas, manejo del espacio, posibilidad de preparar el recibimiento, manipular el escenario, preparar interrupciones, hacerlo esperar, darle mensajes causales o accidentales, etc. Todo esto es cierto pero no lo olvide:

> Jugar en casa da seguridad al novato.

Pensemos en qué sucede si somos nosotros los que vamos a su terreno. Si bien es cierto que estamos en tierra extraña, también lo es que nuestro interlocutor sólo conocerá y verá lo que nosotros queramos. Inicialmente su única fuente de información somos nosotros y en consecuencia es más fácil de controlar lo que transmitimos. Más aún, estar en «su terreno» nos está facilitando mucha información, alguna puede que esté puesta ahí con el único objetivo de que nosotros la veamos, pero otra se nos está ofreciendo aún a pesar de él. Aprovechemos esta fuente inevitable de datos. No necesita más que algo de sangre fría e ir preparado. Ir siempre sólo permite algunas tácticas dilatorias con cualquier excusa derivada de no estar en el propio territorio. Si su oponente se siente más seguro mejor. Seguro que será más fácil que con alguien que está a la defensiva.

> Sea valiente y juegue fuera.

La tercera opción es la tierra de nadie, el terreno neutral. Fundamentalmente es un lugar frío que nos está hablando de la desconfianza de las partes o de un afán por no dar ventajas ni enseñar más de lo que debe ser enseñado. Pronostica una negociación larga, dura y no necesariamente fácil. Este escenario puede ser útil si prevemos que las posiciones serán alejadas. En ocasiones la elección de dónde será o qué se considera terreno neutral ya es en sí misma una negociación y puede aproximarnos llegando al primer acuerdo sobre cuál es realmente el terreno neutral. Recordemos como en asuntos internacionales se busca un tercer país que actúe como anfitrión si las posiciones entre los miembros de la negociación están muy alejadas.

> Acordemos cuál es el terreno neutral.

En toda negociación el tiempo, la prisa o la falta de ella es un elemento crucial que deberá ser valorado para cada situación.

¿Cómo queremos a nuestro interlocutor?, ¿cansado?, ¿despierto?, ¿con hambre? etc. Es costumbre de los orientales cuando algún occidental va a negociar con ellos, preguntarle cuándo tiene previsto volver a su país, y a partir de ese momento, empezar a dar largas intentando tener la entrevista el último día, buscando que las prisas de última hora jueguen a su favor. La verdad es que se ha comentado tanto esta táctica que dudo que alguien la siga utilizando o que alguien caiga en ella. Lo que sigue siendo cierto es:

Quien tiene prisa empieza perdiendo.

Los italianos tienen una expresión *«culo di ferro»* no creo que necesite traducción pero si merece un comentario. Aquel que intente ir rápido, que necesita con premura el acuerdo, está irremediablemente en manos del negociador experto que usará de su paciencia y dilación para llevarle a lugares no deseados.

Otra cara del factor tiempo es en qué momento del día interesa negociar. Veamos un ejemplo que puede ilustrar la idea que vamos a expresar.

Conozco a un consultor que sistemáticamente en una primera entrevista, siempre que le es posible fija la hora del encuentro a las 13h. ¿Por qué? Él lo argumenta con tres razones:

1. Proteger la agenda: Si acuerdo otra hora, ¿cuánto tiempo me reservo para la entrevista?; ¿una hora, dos, tres?, es muy desagradable abandonar a un cliente teniendo que decir aquello de: «... verá... lo siento... debo irme, tengo otra cita». O tener que decidir en el momento cuál de ellas es más importante. Peor es guardarse media mañana y terminar a los treinta minutos. Si la cita es a las 13h seguro que a las 14 o 14.30 hemos acabado, nadie deja de comer para hablar con un consultor.

2. Profundizar en otro terreno: Se puede dar el caso de que llegada la hora de la comida, me interese continuar la entrevista en un terreno más informal. Lo resuelvo con la pregunta: «¿Hay algún restaurante recomendable y próximo?». Si él accede; conseguido. Si en caso contrario responde con un: «...vaya usted a casa Manolo, tienen un plato de cordero excelente, diga que va de mi parte y ya me contará». Asunto resuelto, no me acompaña pero se ahorra la incomodidad de negarse directamente.

3. Evitar profundizar: Se puede dar el caso de que sea el cliente el que quiere continuar: Yo sí quiero, pues le acompaño y listo. Yo no quiero, y responde con un: «lo siento... no tenía prevista esta comida», asunto resuelto y no es de mala educación negarse ante una invitación inesperada.

Además, nadie continúa después de una comida una reunión de trabajo, si antes ya ha trabajado contigo. Por lo que el asunto está resuelto.

A esto nos estamos refiriendo cuando hablamos de controlar el tiempo.

---

Haga que el reloj juegue a su favor.

---

*¿Qué?: Tema*

Puede ser simple pues todos sabemos «qué» vamos a hacer. Lo que no está tan claro es hasta donde queremos llegar exactamente: ¿vamos con un objetivo y una vez tratado nos largamos? o ¿vamos a ver qué pasa con nuestra batería preparada en función de lo que vaya saliendo? Suele ser la segunda la cuestión que provoca más adhesión. Desgraciadamente es la primera la más útil. No use de la improvisación como su primera y única táctica. Seguramente usted es una persona ágil creativa y flexible. Si es así puede ir perfectamente planificada y ya cambiará si es necesario. En caso contrario, también, prepárese; lo necesita para orientarse.

De entrada trabaje siempre hacia un objetivo único, si una vez conseguido aparecen otros veremos si merece la pena continuar. Generalmente es mejor tomárselo con calma y orden, recuerde la máxima:

> Un contacto, un objetivo.

## SOBRE LAS TÁCTICAS

A pesar de que este apartado corresponde al capítulo siguiente, sí queremos hacer una reflexión respecto a los grandes grupos de tácticas.

Existe la tendencia a recomendar esta o aquella táctica, a pensar que los duros consiguen, que a «cara de perro», se llega más lejos, que «el salami», sirve para agotar, que la «última oferta», siempre es efectiva, etc. Desgraciadamente aunque vamos a enumerarlas en el capítulo siguiente, debemos recordar que cada una de estas y otras tácticas que se presentarán más adelante, además de tener, lógicamente sus aplicaciones, ventajas e inconvenientes, tienen a su vez unas contratácticas muy claras. Al igual que los antiguos samurais tenían para cada golpe, un contragolpe mortal lo mismo sucede con las tácticas, por ello el mero conocimiento de un gran número de ellas no es nunca por sí sólo garantía de un buen acuerdo.

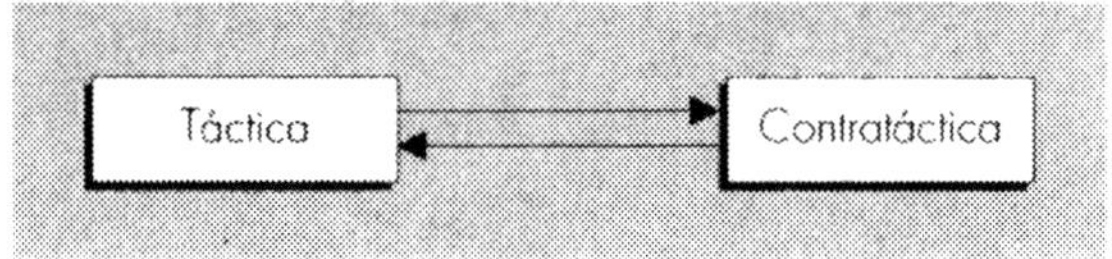


Una parte importante del proceso de planificar la negociación debe contemplar qué tipo de tácticas queremos utilizar y de cuáles debemos prescindir.

Para no equivocarnos deberemos evaluar dos variables independientes entre ellas: Relación y compromiso. Según sea cada una de ellas más o menos importante, deberemos actuar tácticamente en consecuencia. Exactamente debemos saber antes de actuar, que sucede con:

*La relación:*

Evaluemos hasta qué punto queremos o debemos mantener unas relaciones cordiales con la otra parte. Debemos preguntarnos ¿Puedo deteriorar mi imagen hasta hacer difícil o imposible el contacto siguiente? ¿Es importante la opinión que la otra parte guarde de nosotros? ¿Afectará a la eficacia del acuerdo la calidad de la relación establecida?

*El compromiso:*

Contemplamos hasta qué punto necesitamos que la otra parte se sienta implicada en el acuerdo tomado. Las preguntas a hacerse en este sentido serían: ¿Necesito que se sienta claramente interesado en ese acuerdo? ¿Nuestro acuerdo es el final de una relación o el inicio? ¿La eficacia del acuerdo estará condicionada por el grado de asunción de la otra parte? ¿La calidad del acuerdo puede ser afectada por el compromiso de la otra parte?

En función de cómo sean las respuestas a estas preguntas podemos construir el siguiente cuadro en el que valoraremos

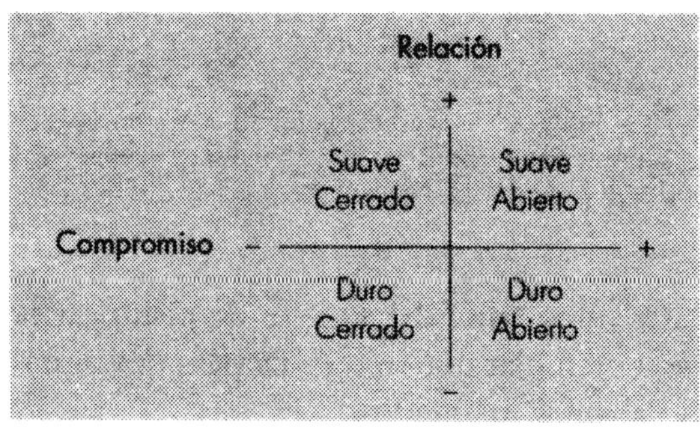

como más o menos importante cada una de las variables y que  nos dará cuatro estilos tácticos que pueden ayudarnos en la negociación.



## RELACIÓN (-) COMPROMISO (-)

En general usted puede utilizar tácticas duras y cerradas. En el caso de que no sea trascendente que la relación se deteriore durante nuestra interacción y que, además, no importe que la otra parte se sienta comprometida con el acuerdo.

*Un ejemplo*

La negociación en la compra de un coche. Usted sabe perfectamente que una vez que el coche esté en sus manos, que el vendedor le dé la documentación, no va a volver a ver a este individuo; es decir, que no es necesario el compromiso de continuidad del contacto, y que este no afectará al funcionamiento de su vehículo. Por lo tanto, el compromiso es nulo: Usted puede negociar *cerrado*; es decir, centrado en sus posiciones, sin suavizar sus planteamientos, sin ofrecer demasiadas alternativas. Si a eso le añadimos que; si su relación personal se deteriora, si él acaba pensando de usted cosas poco agradables, es más, si cree que no quisiera volver a cruzarse en su camino; no es importante para el acuerdo. La relación entre las partes no influirá en el resultado: En este caso adelante si lo cree conveniente, puede usted ser *duro*, agresivo, incluso desagradable.

Esta sería una de las situaciones que a menudo se identifica con el regateo. Sólo es recomendable llegar a estas tácticas cuando realmente la situación lo permite. Además, nos permitiríamos añadir que se utilizará en aquellos momentos en los que el poder está claramente de nuestra parte. Cuando nosotros necesitamos de la otra parte menos que esta de nosotros.

## RELACIÓN (+) COMPROMISO (-)

En el caso en el que sea importante mantener una relación a salvo de incidentes y no queremos que la interacción deteriore futuros contactos. En el caso de que por el contrario no importe que la otra parte se sienta comprometida con el acuerdo. En general se recomienda que usted utilice tácticas suaves y cerradas.

*Un ejemplo*

Su proveedor de informática, alguien con quien usted mantiene una relación estable y dilatada en el tiempo. Es probable que tenga incidencias con sus aplicaciones, que pueda haber problemas, y le interesa que le atienda rápido, que no le haga esperar. Seguramente deseará que su proveedor tenga buena relación con usted para que todo lo comentado suceda. En consecuencia: debería usted utilizar tácticas *suaves*, no irritar a la otra parte, ya que cualquier deterioro en sus relaciones tiene grandes probabilidades de afectar directamente a la agilidad y efectividad de su respuesta ante las demandas que pueda hacerle. Por otro lado, no es necesario tener una gama de alternativas amplias, no es preciso estudiar un amplio abanico de posibilidades. Puede usted ser *cerrado* en sus posiciones pues no necesita de la implicación del proveedor para conseguir de él un buen rendimiento, este vendrá condicionado por su calidad profesional.

## RELACIÓN (-) COMPROMISO (+)

En el caso en el que no sea trascendente que la relación se deteriore durante nuestra interacción, por un lado y, por otro, importe que la otra parte se sienta comprometida con el acuerdo. En general usted puede utilizar tácticas duras y abiertas.

*Un ejemplo*

Usted es proveedor, junto con otra empresa, de un producto. Supongamos que usted hace los frascos y la otra empresa los tapones para una fabrica de mermeladas.

Cada día con mayor frecuencia le pedirán que negocien entre ustedes el servicio de provisión de envases. Sus contactos con la empresa de tapones no necesariamente deben ser fluidos ya que un deterioro en las relaciones no influirá en la calidad de su trabajo. Por otro lado, ellos están tan comprometidos como usted en atender a su cliente común. En este caso podríamos ser duros en las formas, no se precisa más cortesía de la necesaria.

A su vez debemos ser abiertos y barajar un buen numero de alternativas que favorezcan a ambas partes pues debemos ajustarnos (nunca mejor dicho).

## RELACIÓN (+) COMPROMISO (+)

En el caso en el que sea trascendente que la relación se deteriore durante nuestra interacción y, además, importe que la otra parte se sienta comprometida con el acuerdo. En general usted puede utilizar tácticas suaves y abiertas.

*Un ejemplo:*

Una situación muy ilustrativa en este sentido es la que se deriva del trabajo en equipo: La colaboración del jefe con su secretaria nos puede servir de ejemplo. Sólo tenemos que hacernos dos preguntas: ¿Qué sucede si las formas no son confortables y fluidas? ¿Qué efectos tendrá sobre el trabajo si la secretaria no se siente comprometida con su trabajo? Obviemos las consecuencias de un deterioro en la relación y el compromiso. Finalmente las formas afectarán la eficacia de la comunicación y el bajo compromiso generará distanciamiento hacia el trabajo y será difícil conseguir mayor dedicación.

Los principales enemigos ante una negociación somos nosotros mismos. Principalmente los propios sentimientos respecto al poder. Los estereotipos del estilo: «no se puede hacer nada con mi director, manda mucho».

«Con mi suegra no hay quien hable.»

«La administración es sorda a las propuestas del ciudadano.»

No nos ayudan en absoluto a posicionarnos en la negociación, ya que antes de empezar se basan en una situación de derrota.

Cambiemos estas frases por otras más posibilistas y seguramente también ciertas, del estilo: «hablar con el director es comprometerse claramente».

«Mi suegra es una persona muy orgullosa y quiere conseguir lo que busca.»

«La administración aplica siempre la normativa por encima de todo.»

Esta otra lectura nos ayuda más a entrar de otra manera. Siguiendo en este sentido podemos ir aún más allá, pensando por ejemplo:

«El director puede cambiar la situación si lo ve claro.»

«Mi suegra estará de acuerdo si lo hago con respeto.»

«La administración cumplirá la ley aunque le perjudique.»

Cualquiera de estas posiciones iniciales puede ser cierta, incluso todas ellas. La gran diferencia estriba en que unas nos ayudarán a negociar más y mejor y otras nos alejarán más y más de la negociación. No se trata de ser un optimista con una euforia estúpida e infundada. Pero tampoco seamos grises pesimistas que se ahogan y hunden antes de ver el mar.

Debemos explorar posibilidades y buscar alternativas. Lo importante es posicionarse en aquel punto que nos ofrece una mejor visión de las alternativas, que favorece nuestra creatividad y permite generar la mayor cantidad posible de enfoques.

En el capítulo siguiente veremos algunas formas de avanzar en este sentido.

# 2
# LAS TÉCNICAS

Una vez presentada la parte conceptual de nuestro tema, recorreremos a continuación la dimensión aplicada de la negociación. En primer lugar pondremos atención en el proceso cronológico que debemos seguir. Seguidamente nos centraremos en la conducta del negociador.

Con gran frecuencia se entiende que lo más práctico son las indicaciones sobre qué hacer o no hacer cuando estamos en contacto con la otra parte. Nada más lejos de la realidad. Como veremos más adelante el negociador experto ocupará más tiempo en la preparación que en la ejecución, a sabiendas de que una buena planificación es la mejor garantía de éxito.

## LOS DIEZ PASOS DE LA NEGOCIACIÓN

A continuación recorreremos juntos estos diez pasos con todo detalle. Trataremos ordenada y separadamente la preparación de la interacción o contacto. Finalizaremos con un cajón de herramientas en el que podrá encontrar las principales tácticas y sus más frecuentes contratácticas.

Lógicamente, la atención que nos merece cada uno de estos pasos y la profundidad con que se trate, estará en función de la envergadura e interés que tengamos en la negociación a la que nos enfrentemos. De todas formas, el esquema que proponemos permite enfrentar una negociación de pequeña o de gran magnitud indistintamente.

> **La preparación**
> 1. Identificar partes
> 2. Establecer necesidades
> 3. Fijar objetivos
> 4. Evaluar el poder
>
> **La interacción**
> 5. Calentamiento
> 6. Sondeo
> 7. Establecer alternativas
> 8. Intercambio
> 9. Cierre
> 10. Despedida

*La preparación*

Es el secreto de la negociación. Es imposible tener éxito sin preparación. En el caso de que consiga lo que pretendía sin esta, no ha tenido éxito sino suerte. No confíe en el azar. Desee tener suerte, pero no espere que sea esta la que le lleve al triunfo.

La preparación es la alternativa de la improvisación. A pesar de que siempre cuando estemos interactuando con alguien improvisaremos y tendremos una conducta espontánea y natural, esto no quiere decir que no sepamos en todo momento «dónde estamos» y «hacia dónde» queremos ir.

## 1. *Identificar las partes*

Puede parecer una obviedad pero debemos iniciar nuestra preparación, identificando claramente «quién somos» y «quién o quiénes» son la otra parte. No estamos hablando de unos nombres o referencias personales. Nos referimos a los límites de cada una de las partes. Saber si realmente somos dos o más, si con quien vamos a negociar es con quien tenemos el desacuerdo, hasta qué punto es necesaria, o manejable esta negociación.

---

*Confucio*

Se dice que en una ocasión le preguntaron a Confucio:
«Maestro, si después de varios días de agotadora marcha, hambriento y sediento, a punto de desfallecer, al llegar a una fuente de aguas cristalinas, se encontrara cara a cara con su peor enemigo: ¿Qué debería ser lo primero a hacer?»
La respuesta del maestro fue sencilla y sabia una vez más:
«Comprobar que realmente se trata de tu peor enemigo».

---

## 2. *Establecer necesidades*

Es el momento de ver como tenemos nuestro poder. Para ello, haga una lista de lo que usted necesita de la otra parte y a continuación de lo que la otra parte necesita de usted. Sustituyendo la palabra necesidad por poder ya estamos en disposición de conocer cómo y quién tiene el poder.

Nuestras necesidades son el poder de la otra parte en la medida en que precisamos de ella para atenderlas. En sentido inverso sucede lo mismo. Las necesidades de la otra parte son nuestro poder ya que nos están señalando qué precisa esta de nosotros.

Recordemos la imagen del iceberg del capítulo anterior. No son visibles en tanto que las necesidades siempre acostumbran a ser inconfesables y en ningún momento hablaremos de ellas durante la negociación. Hablar de las necesidades tendría el efecto de aumentar automáticamente el poder de la otra parte en la medida en que le damos directamente claves de influencia sobre nosotros.

Si ha hecho el ejercicio observará que no todas tienen el mismo peso o, dicho en otras palabras, no importan igual. Así pues una vez listadas nuestras necesidades es necesario priorizarlas.

Atribuya a cada necesidad un peso relativo en función del *valor* que tenga para usted. Es una medida subjetiva que sólo el propio interesado puede hacer ya que tiene relación con los motivos que nos han llevado donde estamos. Este no es un ejercicio fácil pero es la base sobre el que construiremos todo el edificio. Si no sabemos porque estamos negociando no podremos orientarnos más adelante.

En el mismo sentido es conveniente realizar el mismo ejercicio poniéndose en el lugar de la otra parte.

| «Nuestras» necesidades | | «Sus» necesidades | |
|---|---|---|---|
| 1 | | 1 | |
| 2 | | 2 | |
| 3 | | 3 | |
| 4 | | 4 | |
| 5 | | 5 | |
| 6 | | 6 | |

A continuación podemos listar los recursos o bienes que tenemos y que serán de interés para la otra parte y viceversa. En este caso la priorización u orden lo haremos en función del *coste* que tiene para cada parte el mencionado recurso.

| «Nuestros» recursos | | «Sus» recursos | |
|---|---|---|---|
| 1 | | 1 | |
| 2 | | 2 | |
| 3 | | 3 | |
| 4 | | 4 | |
| 5 | | 5 | |
| 6 | | 6 | |

## Caso Greengrass

Hace unos años tuve ocasión de asistir a una interesante negociación entre una importante multinacional dedicada al mantenimiento de campos de golf llamémosla Greengrass y una empresa española que tiene una red de estos por todo el país, a la que llamaremos Golf 2000. Un dato importante es que la empresa nacional forma parte de un importante grupo, presidido por un personaje popular, de los que aparecen con frecuencia en la prensa del corazón y que es invitado asiduo a las tertulias televisivas. La empresa proveedora estaba iniciando su entrada en nuestro país y ese podía ser su primer contrato.

No vamos a relatar la totalidad de la negociación, pero sí un hecho significativo: Las condiciones en las que se iba a desarrollar el mantenimiento, duración, precio, etc., ocuparon una parte muy pequeña del tiempo. Todos los intereses y la mayor dedicación de energías fueron invertidas en acordar la posible foto entre el personaje importante de Golf 2000 y el director de Greengrass en España, firmando el contrato. El tema lógicamente lo introdujo el proveedor con una frase aparentemente desinteresada: «Podríamos celebrar la firma de nuestro contrato con un acto público, y será un placer invitarles a usted y su equipo... incluso si quiere asistir su presidente». No es necesario comentar el valor que tenía para una parte conseguir página en los periódicos y verse asociado a semejante prescriptor. Por parte de Golf 2000, el coste es nulo, el presidente no se gasta más por volver a salir en la prensa. Es más, a cambio de esa aparición se conseguirían muy buenas condiciones en el contrato, clara revalorización del gestor de los campos de golf frente al presidente del grupo. Así se hizo para satisfacción de ambas partes.

## 3. Fijar objetivos

El siguiente paso a la hora de preparar una negociación de forma eficaz será fijar objetivos de acuerdo con lo propuesto en el capítulo anterior.

Las combinaciones ya avanzadas nos darán los tres tipos de negociación que ya comentamos:

Comprando un coche.

Podemos ver los tres tipos posibles de negociación en un caso muy simple: La negociación en la compra de un coche. Veamos cuáles pueden ser cuatro variables en juego: Precio, forma de pago, garantía y extras.

Observemos cuáles pueden ser los objetivos del vendedor: Cobrar 12.000 euros por su nuevo modelo, es un precio algo alto para un utilitario, pero siempre es posible encontrar alguien que lo quiera pagar, le ofrecería un año de garantía y sería perfecto que estuviese dispuesto a pagar algo por adelantado antes de recibir el coche. Puestos a pedir este sería el ideal de nuestro vendedor.

En el otro extremo sus mínimos o ruptura podrían ser: Bajo ningún concepto ese coche se puede vender por debajo de los 9.000 euros. En ese caso es mejor esperar otros clientes con más posibilidades económicas, una garantía superior a tres años es un suicidio con este modelo. Si el cliente pide extras nunca más allá de las alfombrillas, el aire acondicionado y la radio. Respecto a la forma de pago el tope es a sesenta y noventa días aplazados.

Sin ponerse en una situación extrema. El vendedor aceptaría un precio entre 10.000 y 11.000 euros. Consideraría razonable una garantía entre un año y medio y dos. Ofrecer las alfombrillas y la radio y cobrar al contado al entregar el coche o a lo sumo un aplazamiento de treinta días.

Graficando cada tema o variable podemos presentarlo en la forma siguiente:

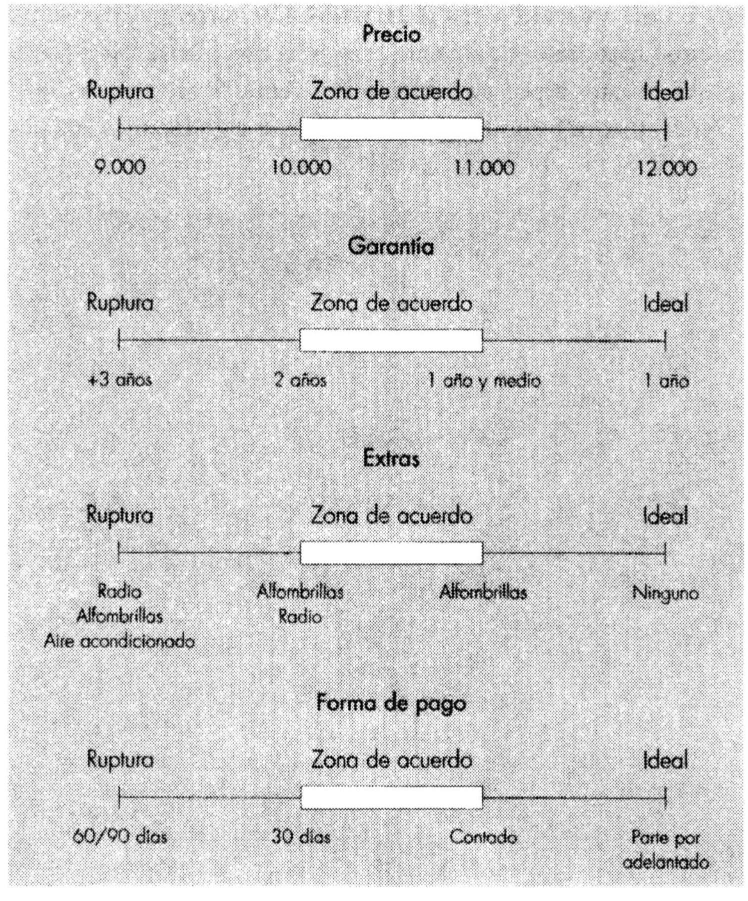

Veamos que piensa el comprador:

Nuestro comprador opina que un buen precio por este coche es pagar entre 10.000 y 11.000 euros, que estaría encantado en conseguirlo por 9.000 y bajo ningún concepto pagaría más de 12.000. Confía en conseguir una garantía entre dos y tres años aunque sería fantástico tenerlo garantizado hasta cinco años, no aceptará menos de un año y medio. Espera conseguir extras como las alfombrillas, la radio, el aire acondicionado y podría intentar que le instalaran una buena alarma antirrobo o un portaequipajes. Como mínimo las alfombrillas y la radio. Respecto a la forma de pago está claro que deben aplazárselo, hoy en día ya nadie paga al contado. Entre treinta días como mínimo hasta sesenta/noventa días sería una buena alternativa, ya que puestos a pedir podrían ser noventa/ciento veinte días.

Nuevamente también para el comprador graficamos sus posiciones:

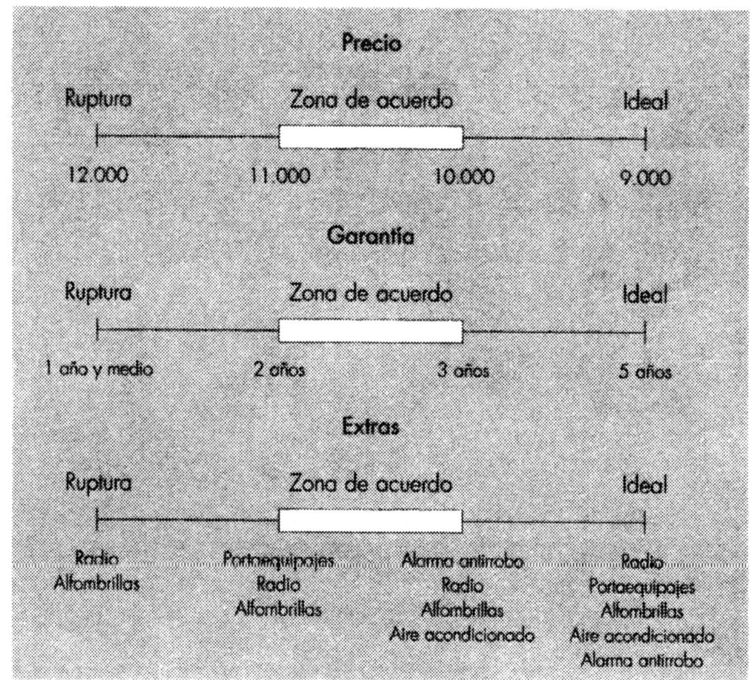

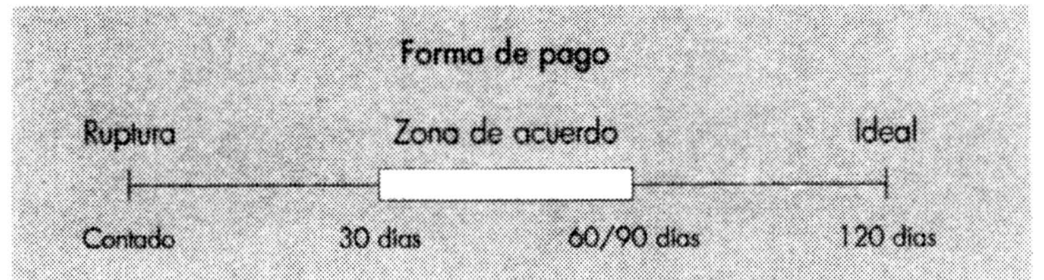



Si queremos comparar las posiciones del comprador y el vendedor sólo tenemos que solapar ambos objetivos y veremos que posibilidades de acuerdo existen y dónde van a estar las dificultades.

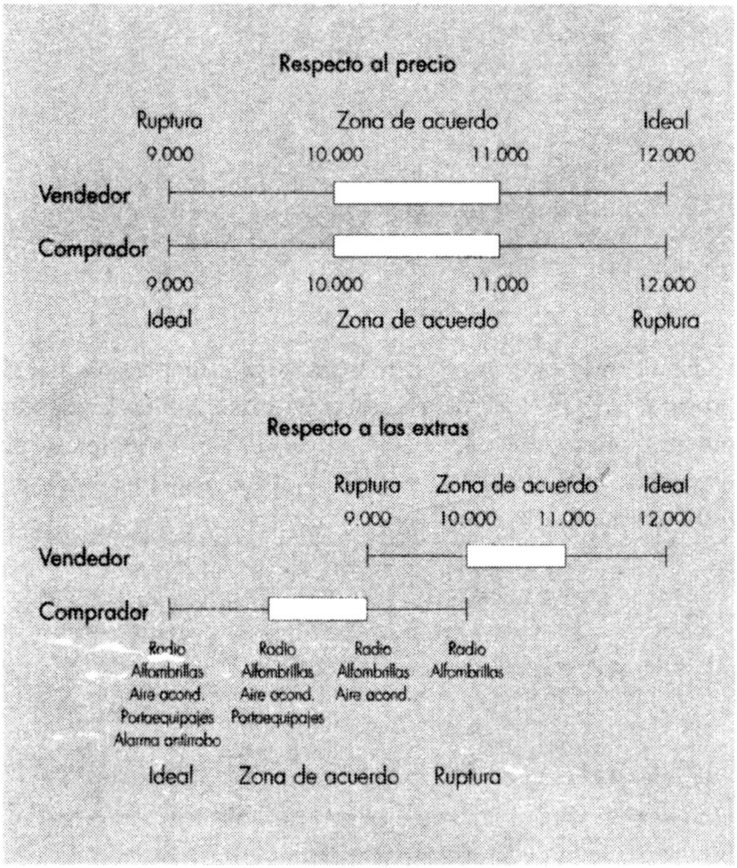

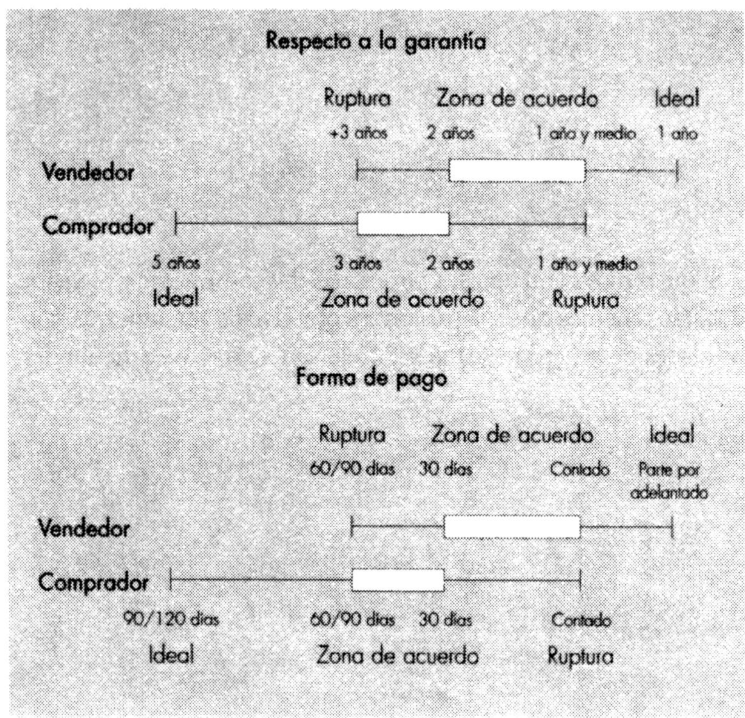


Con el anterior ejemplo hemos intentado ilustrar cómo es el proceso de fijar objetivos en su forma más extensa. Evidentemente que en otras negociaciones cotidianas no usaremos de un detalle como el anterior, pero lo que sí debemos hacer en todo momento es:

> Tener presente nuestro Ideal o máximo deseado, nuestra Ruptura o mínimo exigible y la Zona de acuerdo como banda que se considera satisfactoria.

## 4. Evaluar el poder

Una vez preparada la propia banda de objetivos y supuesta o hipotetizada la de la otra parte estamos en disposición de eva-

luar cómo va a ser la negociación en la que vamos a tomar 
parte.

Si utilizamos el caso anterior entre el comprador y el vendedor de coches, como se puede ver comparando las posiciones gráficamente, tenemos una interesante negociación en ciernes.



- Respecto al precio no tendremos problemas pues es una negociación coincidente. Es más si sólo negociásemos este punto llegaríamos a un acuerdo con grandes posibilidades de cerrarlo entre 10.000 y 11.000 euros, Zona de acuerdo de ambas partes. El punto exacto de cierre vendrá condicionado por las otras variables en juego.
- En relación a la garantía, no será fácil ya que sólo hay un punto en ambas Zonas de acuerdo; los dos años.
- Con los extras lo vamos a tener realmente difícil  pues no coinciden las Zonas de acuerdo y la ruptura del vendedor, ofrecer radio alfombrillas y aire acondicionado apenas roza la exigencia para un acuerdo del comprador.
- En la forma de pago es complejo pero hay un punto de coincidencia en los treinta días considerado satisfactorio para ambas partes.

En este caso deberemos combinar el precio compensándolo con extras y formas de pago para conseguir un punto de acuerdo que puede satisfacer a ambas partes. El acuerdo es posible en función de los intereses de las distintas prioridades de cada una de las partes y las posibles combinaciones que se pudiesen hacer.

Será determinante las necesidades de cada una de las partes respecto a cada variable o tema ya que estas nos sitúan en una situación de poder distinta.

Lo que determina que podamos tomar posiciones más fuertes o presionantes no es nuestro poder. La clave es la necesidad de mantener buenas relaciones o la urgencia en llegar a un acuerdo. Únicamente en el caso en que tengamos igual o mayor poder que la otra parte si el deterioro de la relación no afecta el acuerdo y realmente tenemos prisa, podemos tomar posiciones de regateo e incluso de «lo toma o lo deja».

## LA INTERACCIÓN

Por muchos considerada la parte más importante, en nuestro caso no es otra cosa que la ejecución de lo que hemos preparado anteriormente. Los elementos que incluiremos serán de tipo comunicacional y estarán relacionados con el contacto interpersonal.

Las tácticas y contratácticas, no las incluimos en este apartado pues le vamos a dedicar un tratamiento específico más adelante.

A fin de conocer todos sus secretos vamos a seguir nuevamente el orden cronológico o recomendado durante la interacción.

### 5. Calentamiento

Con importantes diferencias culturales, en toda relación interpersonal nadie empieza hablando de intereses o entrando en materia apenas encontrarse. Existen una serie de fórmulas de cortesía, saludos, apretones de manos etc. que nos ocupan unos primeros instantes.

En la negociación estos primeros contactos son vitales, pues contienen mucha información sobre cómo va a ser el desarrollo de la tarea en común. Dan claves sobre el poder, el tipo de relación, los intereses, clima, etc.

Nuestro objetivo es crear un clima favorable a nuestras propuestas y buscar anclajes de avance. Cualquier fórmula de bienvenida, saludo etc., no está exenta de significado, así pues transmitamos aquel mensaje que en función de nuestros intereses nos vaya ser de ayuda.

Más que sugerir cuál es la conducta adecuada podríamos listar los comportamientos ineficaces o a evitar.

**Evitar**

- Prejuzgar situaciones o posturas
- Discrepar en obviedades sin contenido
- Manifestar inquietud, prisa, etc.
- Reconocerse sin autoridad para decidir

**Buscar**

- Puntos de contacto
- Información personal útil
- Ofrecer imagen segura
- Imagen de trabajador incansable

## 6. Sondeo

La etapa anterior se acaba cuando una de las partes dice aquello de: «bien, estamos aquí para...» o algo parecido. En este punto nuestro principal objetivo es obtener información sobre los temas a tratar; cuáles serán estos.

Un consejo; no se ocupe de otra cosa que no sea listar las variables que hay en juego. Ya tendrá tiempo para profundizar. Ahora se trata de marcar el territorio. Anote y compruebe con la otra parte cuáles son los temas a tratar. Recuerde quien los va proponiendo, exponga los suyos uno a uno y siempre a cambio de una propuesta por la otra parte.

Durante esta etapa se pueden observar las primera posiciones o intentos de dominación. Existe la máxima de «quien calla manda». Aquel que abra más cartas inicialmente, en general, está manifestando más necesidad. Sea prudente, pregunte y no olvide la máxima de que:

Eres esclavo de tus palabras y dueño de tus silencios.

## 7. Establecer alternativas

Esta es la parte central de toda negociación y la que ocupará sistemáticamente más tiempo. Durante esta etapa básicamente exploramos la totalidad de las posiciones y nuestro objetivo es generar las distintas opciones, variantes, oportunidades en última instancia que nos pueden llevar a un acuerdo. Para ello es importante abrir bien la interacción.

## LOS DOCE CONSEJOS

Sin ánimo de pontificar pero con la firme convicción de que es necesario tener la receta para cocinar un plato, a continuación le facilitamos los doce mejores consejos que creemos no debe olvidar en esta etapa tan crítica.

### Consejo 1: La otra parte no es el enemigo

No piense en la otra parte como la principal dificultad u obstáculo para sus objetivos. La otra parte también está interesada en llegar a un acuerdo, por esto está sentada frente a usted.

Interprete adecuadamente las resistencias, no son necesariamente signos de ruptura sino intentos de llegar a un acuerdo mejor.

### Consejo 2: Use el condicional

Hable siempre en condicional: «Si aceptara lo que me propone querría decir que...», «Supongamos que acordamos A, como quedaría...», «Si le ofreciese Z afectaría esto su propuesta de...». «¿En el caso de que usted aceptara lo que le propongo, que podría compensarle?», etc.

La idea es que se puedan explorar distintas posibilidades y alternativas viables sin llegar a comprometerse en acuerdos antes de haberse hecho una idea completa de la situación.

## Consejo 3: No ceda, cambie

Aunque en su vocabulario aparecerá la palabra ceder, siempre con una finalidad táctica, realmente un negociador jamás cede bajo ningún concepto. Lo que hacemos es cambiar, modificar en una posición por algo similar en la otra parte.

Cambiar una postura sin esperar nada a cambio es claramente ceder y crear un nefasto precedente. Recuerde que ceder es regalar. Si hace regalos sin esperar compensaciones su interlocutor lógicamente lo aceptará e intentará conseguir más.

## Consejo 4: Nunca marcha atrás

Si en un momento dado quiere retroceder en un punto, constate que se ha equivocado, desee volver a empezar. No retroceda proponga, otro escenario.

Si ha utilizado convenientemente el Consejo 1 le será fácil proponer otra hipótesis o condicional. «Si dejamos lo hablado hasta este punto y yo le propusiera que empezáramos por N, adónde nos podría llevar si...»

## Consejo 5: Quien tiene prisa pierde

No tenga prisa, recuerde que las prisas son su principal enemigo, le harán tomar caminos sin haberlos analizado correctamente y después será demasiado tarde.

El refrán de «vísteme despacio que tengo prisa» es la máxima expresión. Cuando está negociando es muy difícil reabrir algo ya acordado, o cambiar de postura sin razón aparente. El error se paga, no lo cometa por querer ir demasiado rápido.

## Consejo 6: Todo es negociable

No hay propuesta que no sea investigada. Todo es negociable y casi cualquier posición es aceptable si está compensada en otro punto. Si el precio es excesivo; consiga condiciones de pago claramente ventajosas y garantías al máximo nivel.

Ninguna de las posibles alternativas debe dejar de ser investigada ya que nos dará una útil información que nos favorecerá cara a la construcción de la siguiente.

## Consejo 7: Haga paquetes

Una vez explorada una combinación de posiciones déjela a un lado como si dejara un paquete y prepare una nueva combinación. Cada intercambio es como un cóctel con los mismos ingredientes en los que únicamente se varían las proporciones de estos.

Cada nueva combinación es una alternativa, anótela y pase a elaborar la siguiente. Hasta que no tenga un mínimo de cuatro o cinco paquetes no piense ni tan siquiera en el cierre.

## Consejo 8: Nunca menos de cinco temas

Los paquetes no tienen sentido si no incluyen como mínimo cinco temas, variables o aspectos con sus respectivas posiciones. Piense que cuanto menos variables trate menos paquetes podrá hacer y más tensa será la negociación.

Piensa en la regla de «cinco por cinco», es decir que si trata cinco variables como proponíamos en el consejo anterior, debería generar cinco alternativas.

## Consejo 9: Nadie es mejor que sus objetivos

Sea ambicioso en sus propuestas, no caiga en las utopías y recuerde que para trabajar alineado hacia un logro es necesario haberlo planteado con anterioridad.

Tampoco busque más, no confíe en cambiar sobre la marcha en función de los acontecimientos. Si ha conseguido lo que pretendía no busque aprovechar la ocasión para sacar más. Esta es «la avaricia que rompe el saco». Si consigue lo que esperaba obtener, no fuerce la situación para conseguir llegar más lejos.

## Consejo 10: Ellos lo saben todo

Sea riguroso y parta del principio de que la otra parte conoce sus necesidades por ocultas que estas sean. No monte su estrategia en el convencimiento de que los otros no tienen acceso a la información que usted dispone.

Siempre es mejor prepararse para la peor de las situaciones. Una táctica elaborada desde la posición que menos nos favorece tendrá más posibilidades que otra pensada desde una posición aparentemente ventajosa pero falsa.

## Consejo 11: La suerte no existe

La suerte le favorecerá si usted no la necesita. Dicho en otras palabras: Dejar a la improvisación, la capacidad de reacción, la feliz idea en el momento justo. Es confiar en la suerte y sustituir la planificación por la fortuna improvisadora.

Si piensa que la suerte no existe y se prepara para hacer frente a las adversidades cualquier mejora de la situación prevista, no será otra cosa que «un golpe de suerte».

## Consejo 12: Piense en el futuro

Si el desarrollo de la negociación le es claramente desfavorable y no puede ganar su parte por ningún medio, piense y ocúpese de la relación. Una negociación perdida debe dar pie a continuar la relación. Sólo la continuidad nos dará una nueva oportunidad.

La otra parte debe quedar en disposición para volver a negociar con usted, haya salido derrotado o sea usted el vencedor. En la continuidad están las oportunidades, para recuperar o mejorar.

## 8. Intercambio

Es el momento delicado en el que vamos a decidir el intercambio. Cual de los paquetes que hemos elaborado o combinación de estos es el que mejor aceptación tiene por ambas partes.

En este punto puede ser recomendable dar nombre a los paquetes para poder jugar con ellos de forma ágil. Para ello es imprescindible que estén anotados y puedan ser utilizadas por ambas partes.

Si ninguno de ellos satisface lo mejor es interrumpir la negociación para iniciarla en otro momento que nos permita crear nuevas alternativas.

## 9. Cierre

El principal enemigo del cierre es la duda respecto a si podemos conseguir más. En otras palabras es más complejo saber *cuándo* cerrar que no *cómo*. Esta duda o temor se debe vencer recordando cuáles son nuestros objetivos y cuál era nuestra meta antes de empezar a negociar. Una reflexión en este sentido debería resolver la duda de si este es el momento adecuado.

Respecto a la forma de cerrar, puede parecer que existen infinitas formas de acabar la negociación. Nada más lejos de la realidad. Generalmente acabamos utilizando alguna de las cinco alternativas que presentamos a continuación:

- La concesión final: Básicamente es llevar a cabo un intercambio deseado y analizado en fases anteriores y que precipitará que la otra parte acepte que hemos llegado al final.
- En resumidas cuentas: Resumir las posturas, los intereses y las necesidades que nos han llevado al punto final puede ser otra de las formas de cerrar.
- La pausa final: Después de un resumen se puede dar la posibilidad de darse mutuamente un receso fijando un nuevo encuentro en el que cada uno llevará su respuesta definitiva.
- El ultimátum: Es el cierre más duro, supone colocarse en el callejón sin salida que no sea la aceptación y el acuerdo.

Dejar claro que no hay más alternativas y que ha llegado el momento de decidir.

- La disyuntiva: Menos agresivo que el anterior propone que llevemos a la otra parte a la decisión entre dos alternativas. Elige A o B, y dejamos claro que está elección es el final de la negociación. Su decisión comporta inmediatamente un acuerdo.

## 10. *Despedida*

Tanto si se ha ganado como si se ha perdido es necesario dejar una buena impresión del contacto. La otra parte debe percibir una buena impresión de él mismo, una buena impresión de la organización, empresa que representemos, y una buena impresión de la relación establecida.

**Despedirse para:**
- Asegurar a la otra parte que el acuerdo es bueno para ambos.
- Crear confianza.
- Preparar futuras relaciones.
- Hacer de la otra parte un prescriptor.
- No defraudar.

**Recuerde:**
- Dar las gracias: «Ha sido un placer trabajar conjuntamente...».
- Crear un vínculo: «Podremos volver a vernos cuando...».
- Ordenar sus bártulos: No deje papeles etc., recoja sin prisa, no está huyendo.
- Dejar un recuerdo: «Aquí tiene mi tarjeta, me encontrará...».
- Saludar: «Hasta la próxima señor...».
- No se entretenga: «Lo siento, no puedo quedarme a comer...».

A pesar de lo comentado anteriormente, sea ágil y márchese cuanto antes. Más aún si ha llegado a un acuerdo. No sería la primera vez que después de haber cerrado un acuerdo, al quedarse amigablemente charlando ambas partes, sin darse cuenta se vuelve a abrir el tema y se pierde lo ganado durante una ardua negociación. Sea amable pero lárguese lo antes posible.

Caso Fotocopiadora

En cierta ocasión me interesé por la compra de un fax de inyección de tinta y una fotocopiadora de pequeño formato para mi despacho. Puesto en contacto con una conocida marca fui visitado a los pocos días por uno de sus comerciales. De entrada me molestó que antes de que yo empezara a hablar este me interrumpiese colocándome en la mano un cortaplumas obsequio de la marca, a la vez que lo acompañaba con una sonrisa y la frase «para que se acuerde de nosotros». Expuse mi interés en sus productos y le pregunté por la posibilidad de comprar un aparato mixto para las dos funciones fotocopiadora y fax. El comercial era un técnico experto y me desaconsejó esta opción con argumentos claros, precisos y a mi parecer cargados de razón. Llegado el momento de hablar de precio hizo unos pequeños cálculos en su libreta y dijo: «Serán 780 euros», mi cara de sorpresa y el repetir vehementemente «¿780 euros?», produjo un cambio en el inexperto vendedor. «Bien esto sin descuento pero teniendo en cuenta que estamos en fase de oferta podría quedar en 700.» Mi pregunta fue directa, «¿Puedo conseguir recambios y mantenimiento con facilidad?». él contestó «En cualquier papelería, este modelo ha sido muy vendido y cualquiera puede reparárselo». Continué poniendo cara de duda, «Tendría que pensármelo unos días», afirmé. Ante mi sorpresa preguntó: «¿Por qué precio se lo quedaría ahora? y lo dejamos resuelto». Era mi oportunidad y la aproveché: «Por

600». Su cara de sorpresa era absoluta, argumentó todo tipo de ventajas para ganar tiempo. Mi respuesta fue honesta, «Me ha preguntado cuál sería un buen precio para mí ahora, y se lo he dicho». Él afirmó que no era posible que a lo sumo podía reducir una pequeña parte y dejarlo en 680. Mi respuesta fue escueta; «Bien le llamaré a finales de la próxima semana para darle mi respuesta». Nuevamente volvió a insistir en cuál sería un buen precio para cerrar la venta en el momento y yo volví a mi precio inicial solo añadí, «en lugar de la próxima semana, llámeme usted a mediados de la siguiente pues es probable que esté de viaje, pero entonces le contestaré». Volvió a rebajar el precio en esta ocasión a 650. Una vez más le agradecí su esfuerzo y seguí dilatando el tiempo. No voy a cansar al lector con todo el proceso. Finalmente compré a mi precio inicial 600. Además de la satisfacción de conseguir mis aparatos a un precio muy interesante, me quedé reflexionando sobre los errores que había cometido el comercial.

Los tres errores más graves del vendedor fueron:

a. Convirtió la negociación en un regateo al hablar sólo de una variable.

b. Dio al comprador todo el poder al manifestar que tenía prisa.

c. Dejó fuera la relación de necesidad al dejar el mantenimiento fuera de la negociación


## LAS VEINTE TÁCTICAS Y CONTRATÁCTICAS

De forma premeditada hemos dejado las tácticas fuera del proceso para darles un tratamiento diferenciado. Generalmente este apartado provoca gran interés entre las personas que se acercan por primera vez a la negociación, pues ven en él la llave que les puede ayudar a superar con éxito dificultades y problemas. Desgraciadamente también las tácticas no son otra cosa que una parte del engranaje negociador.

A fin de facilitar su comprensión les presentamos las veinte tácticas más utilizadas, con sus utilidades, inconvenientes y sus posibles respuestas.

Las Contratácticas buscan contrarrestar el efecto de ciertas tácticas si alguien pretendiera utilizarlas contra usted.

### El salami

- Descripción: Cada vez que modifica una posición lo hace en forma muy pequeña. Las concesiones se hacen en la misma forma en que se sirve este embutido, en lonchas muy finas.
- Utilidades: Ralentiza una negociación.
- Inconvenientes: Es irritante pues manifiesta desconfianza o desinterés en el proceso y en la otra parte
- Contratáctica: Responder con otro «salami»

### Disco rayado

- Descripción: Repetir el mismo argumento o el mismo inconveniente con las mismas palabras, una y otra vez.
- Utilidades: Provoca que el otra parte busque nuevas respuestas a la misma pregunta.
- Inconvenientes: Puede ser irritante y distancia la relación.
- Contratáctica: Contestar con una pregunta, tipo: «Es la segunda vez que me dice esto, ¿qué me quiere decir realmente?»

### Tengo mejores ofertas

- Descripción: Consiste en manifestar que se tienen otras oportunidades más beneficiosas para preocupar a la otra parte por una posible ruptura.
- Utilidades: Transmitir prisa a la otra parte o forzar un cambio de posición.

- Inconvenientes: Puede resultar poco creíble pues si es cierto, ¿qué hace aquí?, conclusión, en la mayoría de las ocasiones es falso.
- Contratáctica: Diga sólo: «Si tiene ofertas mejores, acéptelas»

## No es oro

- Descripción: Presentar los aspectos más deseables en primer lugar para atraer la atención, a primera vista suscita interés, una vez prendido en el anzuelo, se van presentando los inconvenientes.
- Utilidades: Interesa a la otra parte en el acuerdo.
- Inconvenientes: Requiere gran habilidad pues no se trata de mentir, nos arriesgamos a perderlo todo más adelante.
- Contratáctica: Utilizar sistemáticamente los condicionales nos dará siempre la oportunidad de una salida airosa.

## Perdone pero

- Descripción: Iniciar nuestras intervenciones con la frase «Perdone pero...»: Es una forma de negarse firmemente, de defender una postura antagónica pero sin deteriorar excesivamente la relación.
- Utilidades: Corta muy claramente una exposición de argumentos o exposición.
- Inconvenientes: Es irritante pues reconoce que estamos agrediendo a la otra parte.
- Contratáctica: No se sienta agredido y conteste amigablemente.

## Demasiado caro

- Descripción: Fijar los inconvenientes en una variable como el precio o cualquier otra.
- Utilidades: Desvía la atención de otros temas y nos lleva a centrarnos en el que nos interesa.
- Inconvenientes: Puede ser muy obvio y corre el riesgo de transmitir que se aceptan las otras posiciones.

- Contratáctica: Una buena respuesta es: «Entonces mi oferta está bien, lo único que quiere es que justifique el precio».

### Ganar tiempo

- Descripción: Preparar o proponer interrupciones para ganar tiempo o conseguir recesos.
- Utilidades: Permite analizar con frialdad una situación y preparar una adecuada réplica o táctica.
- Inconvenientes: Ralentiza excesivamente la relación y puede ser irritante.
- Contratáctica: Acepte siempre que se vuelva con una respuesta ante una disyuntiva, no deje la respuesta abierta.

### Bien, ahora en serio

- Descripción: Para descalificar una propuesta excesiva o fuera de límites negamos credibilidad a lo oído y hacemos hablar nuevamente a la otra parte diciendo: «Bien, ahora le hablo en serio, ¿cuál sería su posición...?».
- Utilidades: Puede conseguir una ligera modificación de posición si esta es realmente excesiva.
- Inconvenientes: Sólo es útil ante propuestas muy desmesuradas.
- Contratáctica: Negar que no sea seria y pedir algo a cambio que también nos está pareciendo desmesurado.

### Lo suyo no es una propuesta

- Descripción: Utilizar frases como: «Mire lo que hago con su propuesta... Esto no es serio... etc.». Buscan provocar un cambio brusco o una ruptura.
- Utilidades: Acelera el final.
- Inconvenientes: Es irritante y puede llevar a una ruptura precipitada.
- Contratáctica: No atienda a la forma agresiva y pida que se explicite el contenido: «¿Qué propondría como alternativa?».

## El bueno y el malo

- **Descripción:** El negociador puede ser una persona abierta y razonable, pero nos muestra, real o imaginariamente, a otras personas o dimensiones duras, rígidas y obstinadas de la parte que él representa. Puede ser respecto a otra persona o respecto a sus normas u obligaciones.
- **Utilidades:** Transmite que estamos en la mejor oportunidad y que otras serán menos beneficiosas.
- **Inconvenientes:** Demasiado usada para ser creíble, muy a menudo es «un farol».
- **Contratáctica:** Reconozca la oportunidad pero no se deje impresionar, preséntese como alguien con capacidad para hablar con cualquiera.

## Debo hacer una consulta

- **Descripción:** Es una forma de ganar tiempo. Una vez llegado a un acuerdo, una de las partes se declara incompetente para firmar él mismo el acuerdo y lo condiciona a la aprobación de su superior.
- **Utilidades:** Ralentiza y condiciona el acuerdo.
- **Inconvenientes:** Es irritante pues se desautoriza al negociador para futuros procesos.
- **Contratáctica:** Salga de esta relación condicionada con: «En caso que la respuesta sea negativa ya que usted no está autorizado que venga quien si lo esté».

## Es mi última palabra

- **Descripción:** Una de las partes hace que le resulte imposible ceder, aunque entienda que su posición es negativa, sus actuaciones previas le impiden modificar su posición.
- **Utilidades:** Acelera el proceso.
- **Inconvenientes:** Es irritante y puede llevar a una ruptura precipitada.
- **Contratáctica:** No atienda a la agresión trátelo como una propuesta más.

### Información caída del cielo

- Descripción: Con cualquier excusa casual, filtración u olvido, facilitar supuesta información clave para que le llegue a la otra parte.
- Utilidades: Si surte efecto puede desviar las cosas en la dirección que deseamos.
- Inconvenientes: Raramente es casual, luego no es creíble.
- Contratáctica: No se crea nada, comente durante la interacción la anécdota.

### Marcar el territorio

- Descripción: Consiste en acordar los límites antes de empezar: «Vamos a ponernos de acuerdo sobre algunos temas que no discutiremos».
- Utilidades: Permite reducir el campo de negociación y conseguir algunas ventajas antes de empezar.
- Inconvenientes: Sólo se puede utilizar si tenemos claramente más poder.
- Contratáctica: No acepte límites que no interesan, afirme amablemente: «Seguro que encontraremos muchos puntos de acuerdo más importantes. Veamos más adelante». Otra posibilidad es dejarlo en la hipótesis: «Podemos explorar esta alternativa primero si lo desea».

### Parar para arrancar

- Descripción: Proponer un resumen o síntesis es la forma de cambiar el rumbo o explorar otras alternativas totalmente distintas.
- Utilidades: Cambiar la dirección o abandonar una línea poco beneficiosa.
- Inconvenientes: Si no es consensuada con la otra parte puede no tener efecto.
- Contratáctica: Niegue el resumen, encuentre inexactitudes en este, no deje que le sinteticen, aproveche para matizar o cambiar temas.

## Cartas boca arriba





- Descripción: Es una forma de *ultimátum* que apela a la sinceridad cuando afirma que no hay partes ocultas: «Pongamos las cartas boca arriba...». Espera una respuesta similar.
- Utilidades: Puede flexibilizar la situación y anima a un intercambio abierto.
- Inconvenientes: Difícilmente se le reconoce honestidad y puede ser percibido sólo como *ultimátum.*
- Contratáctica: No muestre las suyas hasta estar convencido de que hay contrapartidas y no es una distracción.

## Lo que usted necesita

- Descripción: Apelar al conocimiento del otro tomando su posición y respondiendo desde la otra parte: «lo que usted necesita es A y yo se lo estoy ofreciendo a cambio de...».
- Utilidades: Puede ser una forma clara de descubrir las necesidades del otro, una aproximación o incluso una ayuda.
- Inconvenientes: Si no es hábil en su presentación sólo transmite prepotencia.
- Contratáctica: Sitúe la propuesta en la percepción del otro: «Desde su punto de vista puede parecerle que lo que necesito es A pero en realidad...».

## Ayúdeme a aceptar

- Descripción: Consiste en apelar a la proximidad e identificación para variar una postura: «Póngamelo más fácil y ayúdeme un poco».
- Utilidades: Dejamos en manos de la otra parte la posibilidad de variar una posición a su elección.
- Inconvenientes: Apela a las relaciones y la voluntad de la otra parte de cerrar rápidamente un acuerdo.
- Contratáctica: No acepte esta propuesta: «Ya he hecho todo lo que está en mi mano».

## No le demos más vueltas

- **Descripción:** Anunciar la proximidad del cierre por nuestra parte es iniciar la frase con: «No le demos más vueltas...». Vamos a dar una posición final que comportará concesión.
- **Utilidades:** Avisar que estamos acabando nuestras alternativas.
- **Inconvenientes:** Puede transmitir urgencia por terminar y no nos interesa.
- **Contratáctica:** Apele a su disponibilidad de tiempo: «Si es necesario ver otras opciones quizá pueda interesar...».

## ¿Cómo?

- **Descripción:** Expresar vehementemente una absoluta sorpresa e irritación ante una posición.
- **Utilidades:** Transmite que lo que hemos oído es inaceptable.
- **Inconvenientes:** Es útil si tenemos poder o nuestro interlocutor es inexperto.
- **Contratáctica:** No atender a la expresión de sorpresa y centrarse en el contenido: «Si quiere que le dé detalles...».

## Siga por ahí

- **Descripción:** Frases que piden profundización hacen ampliar una propuesta y animar a nuestro interlocutor.
- **Utilidades:** Pueden manifestar interés y obtener información sin comprometerse.
- **Inconvenientes:** Si no atendemos la profundización puede ser irritante.
- **Contratáctica:** Respuestas que reconozcan el camino andado: «Entonces estamos de acuerdo y vamos a ir más allá...».

## LOS ESTILOS PERSONALES

Hasta aquí hemos estado proponiendo diferentes técnicas, tácticas y métodos. Ha llegado el momento de ver que tal es usted en comparación con el tipo de habilidad que requiere la negociación. La mejor manera de comprobarlo es contestar al siguiente cuestionario le puede dar idea de cómo están sus capacidades y dónde tiene que mejorar si desea tener éxito en la negociación.

Vamos a investigar su estilo personal, para lo cual y a fin de conocer su estilo de influencia en las relaciones interpersonales le proponemos que conteste a las siguientes cuestiones con sinceridad a fin de que sus respuestas reflejen su comportamiento real.

En cada pregunta observará que hay tres alternativas posibles. Usted debe asignar a cada alternativa el valor 0, 1 o 2 aplicando el siguiente criterio:

2 : *Haría con toda seguridad.*
1 : *Haría ocasionalmente.*
0 : *Nunca haría.*

Por favor responda a las cuestiones que encontrará a continuación sin repetir valores en la misma pregunta.

1. Uno de sus amigos le comenta que va a cambiar de trabajo, usted:
   a) Le manifiesta los inconvenientes y riesgos que ve en su decisión.
   b) Le expresa su respeto por la decisión, a pesar de no estar de acuerdo.
   c) Con entusiasmo y optimismo le refuerza su decisión.

2. Cuando aparece un conflicto durante una reunión, usted:
   a) Intenta mantenerse al margen, si es posible.
   b) Busca áreas de entendimiento entre las partes.
   c) Razona y justifica su punto de vista.

3. Al decidir dónde ir de vacaciones, usted:
   a) Se asegura de que toda la familia esté de acuerdo buscando su opinión.

b) Consigue que todos vean las ventajas, contagiando su entusiasmo.

c) Si la familia ve inconvenientes, intenta cambiar de tema.

4. El microondas que compró ayer, no funciona. El vendedor duda de su capacidad para hacerlo funcionar, usted:

a) Busca áreas de entendimiento y llegar a un acuerdo favorable para ambos.

b) Es claro en sus intenciones, le tienen que cambiar el microondas.

c) Usa de su condición de socio de la OCU (Organización de consumidores) para presionar al vendedor.

5. Ha oído comentarios que parecen indicar que sus jefes están descontentos del rendimiento de su departamento, usted:

a) Presenta de forma espontánea a sus superiores un plan de mejora.

b) Pide activamente opiniones y sugerencias a sus jefes.

c) Revisa con  sus colaboradores los objetivos de trabajo.

6. Estaba previsto organizar una reunión para su departamento en las Islas Canarias, unos días antes de realizar el viaje se comunica que no hay presupuesto, usted:

a) Sugiere posibles soluciones al problema, reducción de dietas, colaborar en parte de los gastos, etc.

b) Contagia a los otros su entusiasmo para aprovechar lo que queda del presupuesto para hacer otras actividades alternativas.

c) Reconoce que no es viable hacer el viaje y cambia de tema para no perder más tiempo.

7. En la decisión respecto a las actividades durante un viaje con amigos, usted:

a) Presenta ideas para pasarlo lo mejor posible.

b) Consigue que los otros respalden sus ideas ofreciéndose a organizarlo todo.

c) Hace todo lo posible para conocer las preferencias de las otras personas recogiendo sugerencias y propuestas.

8. Usted quiere cambiar de trabajo y está participando en un proceso de selección. Ha superado las pruebas psicotécnicas y prácticas. Tienen que convocarle para una entrevista. Pasados quince días, usted:

    a) Espera otros quince días para contactar con ellos.

    b) Los llama por teléfono recordando que tiene pendiente una entrevista.

    c) Espera con paciencia, llamarán si se comprometieron.

9. En la panadería de su barrio ha visto que siempre que entra un joven senegalés la dependienta dice que no tiene pan y no es cierto, usted:

    a) Compra su pan y no saca el tema en la conversación, no es su problema.

    b) Manifiesta a la dependienta que el joven tiene los mismos derechos que otra cualquier persona.

    c) Es claro y abierto en su opinión respecto a la discriminación y expresa su postura de no comprar más si no le venden en la próxima ocasión.

10. Cuando recibe una llamada telefónica equivocada, usted:

    a) Repite el nombre de la persona con quien quieren hablar para asegurarse de que no la conoce.

    b) Dice claramente que se han equivocado de número y cuelga.

    c) Le propone que lo vuelva a intentar o que llame al servicio de información.

11. Necesita un préstamo económico de un familiar para un asunto profesional, usted:

a) Le explica las ventajas que obtendrá en el proyecto.

b) Le pide su opinión respecto al proyecto.

c) Le expone el proyecto y espera su reacción.

12. Hace rato que está haciendo cola para comprar la entrada del cine, aparece una persona que se adelanta sin esperar su turno, usted:

a) Lo manda sin miramientos al final de la cola.

b) Le propone que otro día mire la cola antes de colarse.

c) Consigue que las otras personas digan algo.

13. Su vecino se queja del volumen de su televisor, usted:

a) Le recuerda que hace una semana él hizo una fiesta hasta altas horas de la madrugada.

b) Lo escucha con paciencia y le dice que intentará bajar el volumen.

c) Rápidamente muestra su desacuerdo y le cierra la puerta.

14. Una vez más lo paran por la calle para pedirle dinero en favor de la ADA Asociación de drogadictos arrepentidos, usted:

a) Escucha con atención lo que le quieren explicar.

b) Acelera el paso y los deja con la palabra en la boca.

c) Cambia de acera para no ser molestado.

15. Está esperando en el dispensario para que le administren un inyectable y observa como una ATS grita a los pacientes de mala gana, otra parece más amable y de trato más cordial, cuando le toca el turno con la más desagradable, usted:

a) Habla con la ATS y le dice claramente que tiene derecho a escoger y que espera a la otra.

b) Entra comentando: «Cuidado con lo que hace... que esto duele».

c) Sugiere a la señora a la que le toca después que pase y usted espera a la otra.

16. Después de pasar unas vacaciones en el extranjero comprueba con disgusto que lo que decía el folleto y lo que ha encontrado no es lo mismo, entonces decide usted ir a la agencia y:

a) Demuestra su confianza en ellos y espera que le compensarán los inconvenientes.

b) Explica una serie de anécdotas para explicar las quejas que tiene del servicio.

c) Pide directamente el libro de reclamaciones.

17. Cuando le encomiendan un trabajo nuevo, usted:

a) No lo cuestiona, aún sin estar totalmente de acuerdo.

b) Pide alguna aclaración.

c) Solicita progresivas explicaciones hasta verlo totalmente claro.

18. Este año tiene que decidir si va o no a casa de la familia de su pareja a pasar las Navidades, usted:

a) Razona por qué no quiere ir.

b) Es paciente y propone alternar al próximo año.

c) Presiona firmemente para no ir.

19. Cuando se debe tomar una decisión en grupo, usted:

a) Manifiesta claramente su punto de vista, esté o no de acuerdo con los otros.

b) Deja que sea el grupo quien tome la decisión y se adapta a la mayoría.

c) Procura consensuar los puntos de vista de todos los asistentes.

20. Cuanta más autonomía y responsabilidad le dan sus superiores para desarrollar el trabajo, usted:

a) Resuelve las situaciones y problemas con más tranquilidad.

b) Recuerda a sus colaboradores las obligaciones y tareas, controlándolos más.

c) Reconoce que con frecuencia le confunde y le provoca dudas.

## CORRECCIÓN CUESTIONARIO

Contabilice sus respuestas anotando en la casilla en blanco el valor asignado a cada opción en cada pregunta (el número se refiere a la pregunta, la letra a la opción). Sume los valores obtenidos y traslade el valor a la gráfica inferior.

| | | | | | | | | | |
|---|---|---|---|---|---|---|---|---|---|
| 2-c | | 1-a | | 1-b | | 1-c | | 2-a | |
| 5-a | | 4-c | | 3-a | | 2-b | | 3-c | |
| 6-a | | 7-b | | 4-b | | 3-b | | 6-c | |
| 7-a | | 10-b | | 5-b | | 4-a | | 8-c | |
| 8-b | | 12-a | | 7-c | | 5-c | | 9-a | |
| 10-c | | 13-c | | 8-a | | 6-b | | 13-b | |
| 11-c | | 14-b | | 9-c | | 9-b | | 14-c | |
| 12-b | | 15-a | | 10-a | | 11-a | | 15-b | |
| 15-c | | 16-c | | 11-b | | 12-c | | 17-a | |
| 16-b | | 18-c | | 14-a | | 13-a | | 18-b | |
| 17-b | | 19-a | | 17-c | | 16-a | | 19-b | |
| 18-a | | 20-b | | 20-c | | 19-c | | 20-a | |
| Total | | Total | | Total | | Total | | Total | |

| | Persuasión | Firmeza | Conciliación | Captación | Evasión |
|---|---|---|---|---|---|
| 24 | • | • | • | • | • |
| 23 | • | • | • | • | • |
| 22 | • | • | • | • | • |
| 21 | • | • | • | • | • |
| 20 | • | • | • | • | • |
| 19 | • | • | • | • | • |
| 18 | • | • | • | • | • |
| 17 | • | • | • | • | • |
| 16 | • | • | • | • | • |
| 15 | • | • | • | • | • |
| 14 | • | • | • | • | • |
| 13 | • | • | • | • | • |
| 12 | • | • | • | • | • |
| 11 | • | • | • | • | • |
| 10 | • | • | • | • | • |
| 9 | • | • | • | • | • |
| 8 | • | • | • | • | • |
| 7 | • | • | • | • | • |
| 6 | • | • | • | • | • |
| 5 | • | • | • | • | • |
| 4 | • | • | • | • | • |
| 3 | • | • | • | • | • |
| 2 | • | • | • | • | • |
| 1 | • | • | • | • | • |
| 0 | • | • | • | • | • |

A fin de poder interpretar correctamente los resultados obtenidos a continuación aportamos algunas definiciones.

*Persuasión*

Hace referencia a la capacidad, a la razón, a la lógica, a los hechos. Comporta proponer, dar ideas hacer sugerencias. Razonar en favor de la propia postura aportando argumentos contrarios a la posición de la otra parte. Aportar datos y posiciones sustentadas en la racionalidad.

### Firmeza

Comporta exponer las propias expectativas, pedir, dictar o exigir. Evaluar o dar juicios sobre los otros. Incluye el uso de recompensas y castigos, tangibles o no. Dar normas, requisitos etc. Juzgar en forma positiva o negativa la conducta de otros basado en criterios personales.

### Conciliación

Nos referimos a la capacidad de tender puentes, arrastrar, comprometer, comprender. Comporta implicar, escuchar, abrirse, manifestar el honesto interés en el parecer de otros. Compartir información, escuchar, resumir, admitir errores, mostrar incertidumbre.

### Captación

Inspirar, motivar, hallar un terreno común. Poner de relieve los acuerdos, señalar los intereses comunes. Revelar y apelar a aspectos compartidos. Articular opciones beneficiosas para ambas partes. Interesarse por los beneficios para la otra parte.

### Evasión

Desviar, eludir, retirarse para evitar el enfrentamiento. Supone eludir, replegarse para esperar otro momento. Difuminar con humor, buscar la reducción de la tensión. Cambiar de postura. Desestimar diferencias. Huir de forma esquiva.

No quiero ir al colegio

Mi hijo de seis años me dijo el otro día con tono firme y mirándome a los ojos: «Papa... no quiero ir al colegio». Quien tenga hijos habrá tenido que enfrentar este desafío en más de una ocasión. ¿Cómo tratamos este reto?

¿Podemos plantearnos negociar para llegar a un acuerdo? ¿Qué vamos a hacer? Según los estilos presentados podemos enfocarlo en tres formas distintas. Podemos usar estilos de presión: «Vas al colegio, porque es tu obligación y porque yo lo digo que soy tu padre». Estilos de atracción: «Ya verás como te lo pasarás bien, entiendo que hay días que da pereza, a mí también me pasa, pero ya verás que encontrarás a tus amigos y además ¿Por qué no quieres ir? Tercer estilo, difuminar: ¿para desayunar prefieres galletas o cereales?

De acuerdo con los resultados obtenidos en el cuestionario podemos ver tres tipos de perfiles:

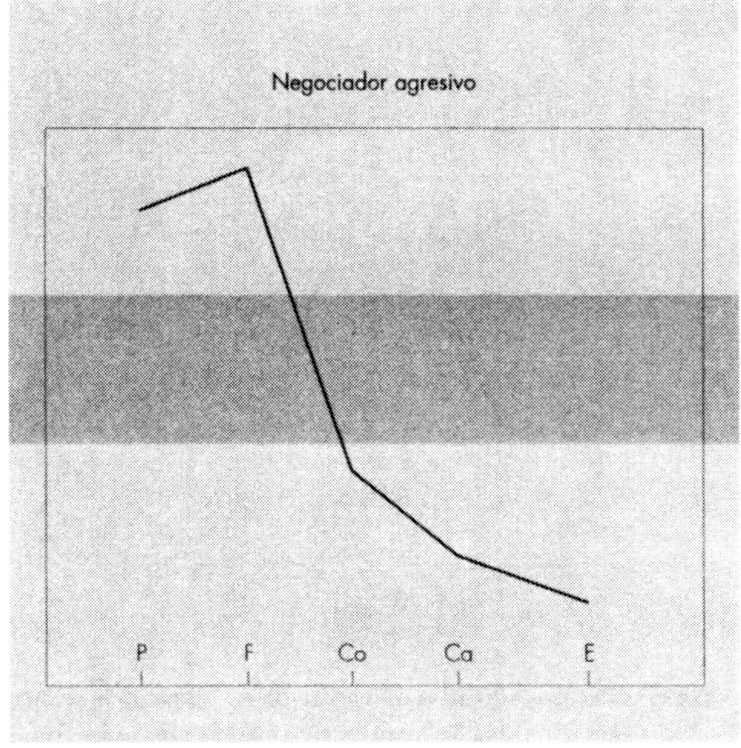

Resultados en los que los primeros estilos (persuasión y firmeza) sean puntuados en forma claramente por encima de la media, son estilos basados en la presión. Fácilmente pueden llegar a la ruptura pues la victoria racional ocupa un papel importante. Reaccionan mal a las situaciones en las que tienen poco poder pero tendrán buenos resultados si este está de su parte.

Las bajas puntuaciones en los estilos de atraer (conciliación y captación) le llevan a correr el riesgo de deteriorar las relaciones con quienes negocian. Reaccionan más a las situaciones muy conflictivas, son buenos compradores y malos vendedores.

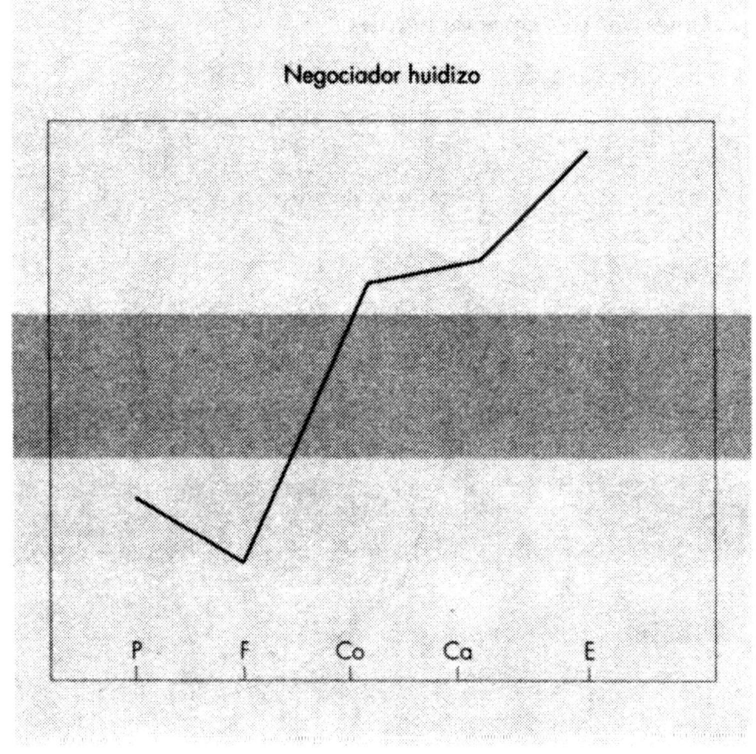


Por el contrario este estilo más centrado en la atracción (conciliación y captación) puede mantener excelentes relaciones con la otra parte. El riesgo está en su afán de agradar, en su excesivo interés por las personas. No tiene precio en las situaciones de conflicto, aunque dudamos que sea capaz de resolverlas, si puede abordarlas y actuar como mediador. Trabaja sin problemas aunque no tenga el poder. Excesivamente blando para hacer valer sus intereses. Ante las situaciones difíciles preferirá una retirada o una palabra amable para suavizar la relación.

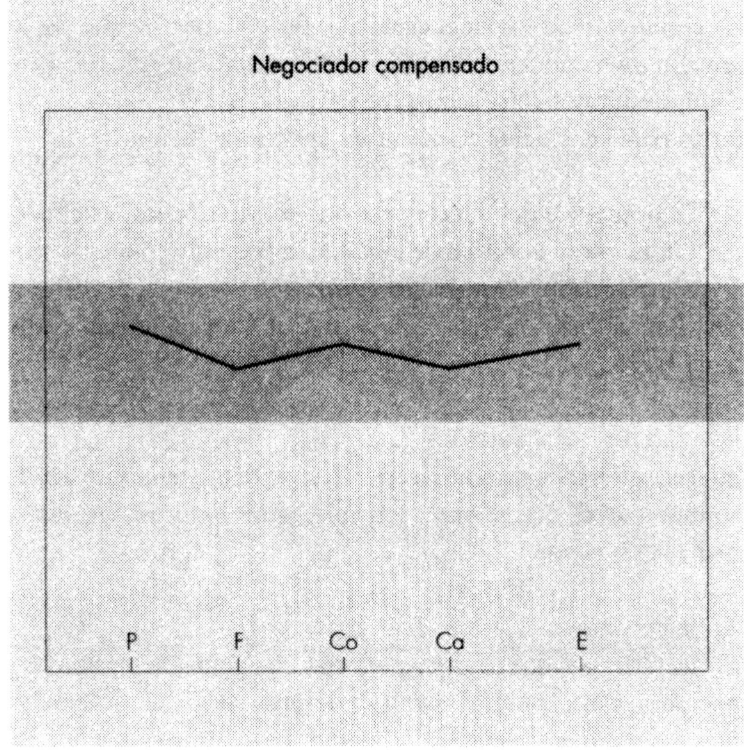


Este sería nuestro negociador ideal. Una persona compensada en su capacidad para proponer con claridad y firmeza a la vez que dispuesto a cuidar la relación e incluso a llevar a cabo una retirada a tiempo para volver en otro momento con más oportunidades.

Como es de suponer las conductas de los negociadores eficaces son algo que ha interesado desde hace años y que ha sido objeto de estudios de todo tipo. Los datos que aportamos a continuación se han extraído de los estudios realizados por Neil Rackham, del Huthwaite Research Group y enriquecidos con aportaciones de Gerald Nierenberg y Samfrits Le Poole.

Desde un enfoque puramente descriptivo vamos a comparar las conductas de los negociadores eficaces con los que no lo son. En *qué* conductas son distintos y en *qué* son iguales. Para ello necesitamos clarificar *qué* se entiende por eficacia. Los criterios para considerar eficaz a un negociador fueron:

- La otra parte debe reconocer que su interlocutor es eficaz.
- Un historial anterior de eficacia importante. No es la primera ocasión en que tiene éxito.
- Clara aplicación y cumplimiento de los acuerdos a medio y largo plazo.

### Inversión en planificación

No hay diferencias significativas respecto al tiempo invertido aunque parece que sí varía sensiblemente la forma en que se utiliza este tiempo.

### Abanico amplio

El buen negociador tiende a negociar una gama de resultados y opciones, tanto propios como de la otra parte, sensiblemente más amplia que el negociador medio. La imaginación y la creatividad son dos buenas cualidades para el negociador eficaz. Negocie con imaginación y conseguirá mejores resultados.

### Terreno común

Si bien todos los negociadores tienden a centrarse en aquellos temas en los que están en conflicto, los negociadores eficaces dedican más tiempo relativo a aquellos aspectos que son comunes y unen a las dos partes.

## Negociación a corto o largo plazo

Hoy en día todas las negociaciones se realizan pensando en el corto plazo, lo que no deja de ser alarmante. Sin embargo, los negociadores eficaces consideran con más intensidad las repercusiones que puedan tener los acuerdos actuales en el futuro.

## Ampliar los temas

Los negociadores eficaces trabajan con varios temas al mismo tiempo, al disponer de más opciones consideradas a la hora de negociar, pueden ampliar sus límites de negociación. Esto es, si un negociador medio limita los campos a negociar a A y B, mientras que un negociador eficaz piensa negociar A, B, C, D y E, el primero se ve obligado a conseguir acuerdos en una banda estrecha de posibilidades, mientras que el segundo puede perder algo en B y recuperarlo en D y E.

## Secuencia principal y alternativas

Todos los negociadores tienen su planificación ideal de la secuencia en que se negociarán las opciones en juego. Así, por ejemplo, el negociador anterior puede establecer que «primero plantearé A, después analizaremos B y finalmente atacaré con C, D y E». Sin embargo, la planificación de la secuencia no siempre coincide en todas las partes negociadoras, o pone en dificultades a los negociadores que han condicionado sus concesiones a los resultados que vayan consiguiendo paulatinamente. Los negociadores eficaces tienen su secuencia ideal de negociación pero se muestran flexibles a posibles cambios, procurando que los temas negociables sean independientes y no estén ligados mediante una secuencia.

## Escucha activa

Todos los buenos negociadores dedican mucho más tiempo a escuchar a la otra parte que a argumentar sus razones y posiciones. Los negociadores eficaces buscan en la información que le da la otra parte cuáles son sus necesidades e intereses reales, es decir, lo que está por debajo del iceberg, y para ello utilizan técnicas de escucha activa. Un buen sistema para escuchar eficazmente es utilizar los siguientes mecanismos:

### Parafrasee

Intente repetir lo que le están diciendo utilizando otras palabras, esto le permitirá entender exactamente lo que le intentan transmitir a la vez que ayudará a su interlocutor a saber que le está escuchando.

### Pregunte

No dude en preguntar lo que no entienda y pida ampliaciones sobre lo que sí entiende, usted necesita conocer las necesidades de la otra parte y para poder hacerlo lo mejor es preguntárselo. Tendemos a censurarnos más nosotros a la hora de preguntar que la otra parte en el momento de contestar. Pregunte sobre datos y hechos, pero también pregunte por los sentimientos de la otra parte, sobre sus opiniones y expectativas, esto también le dará una interesante y rica información. El negociador eficaz muestra un porcentaje significativamente mayor de preguntas que el negociador medio.

### Mensajes no verbales

Cuando el otro esté hablando mírele a los ojos, utilice todo su cuerpo para expresarle que le está escuchando, en lugar de aprovechar para susurrar algo a su compañero o para utilizar la calculadora o tomar notas en un papel. Ahora no. Cuando le están hablando debe mostrar interés, de otra manera el otro percibirá que sus palabras no tienen ningún interés para usted y dejará de darle información.

## Factores irritantes

Determinadas expresiones que se utilizan comúnmente durante la negociación poseen un valor muy escaso para persuadir a la otra parte y, sin embargo, causan irritación. Cuando una de las partes propone una «oferta muy generosa» es probable que irrite a la otra parte que la considera absolutamente contraria a sus intereses. Cuando alguien dice «como tú muy bien sabes...» y expresa opiniones o datos contrarios a la posición del otro, provoca irritación. Los negociadores eficaces evitan las expresiones que puedan irritar a la otra parte. ¿Para qué hacerlo?, ¿cómo va a conseguir que la otra persona quiera colaborar con usted si la está irritando?

## Contrapropuestas

Entendemos por contrapropuestas a las propuestas que se realizan inmediatamente después de las efectuadas por la otra parte. Las investigaciones han señalado que los negociadores eficaces las evitan, ya que: Se presentan en el momento en el que la otra parte es menos receptiva, de hecho está pendiente de que analicemos su propuesta y no preparada para recibir una nueva. Por otro lado, indicamos a la otra parte que no consideramos su oferta y que no estamos interesados en escuchar su propuesta. La otra parte lo percibe como un bloqueo o desacuerdo.

## Espirales defensa/ataque

Como la negociación implica, a menudo, conflicto, es posible que los negociadores se acaloren y utilicen expresiones emotivas y cargadas de valores y sentimientos. En los momentos de tensión defenderse de los supuestos ataques del otro puede ser interpretado como un ataque, lo que genera una espiral de defensa y ataque que se convierte en un nuevo núcleo de conflicto. Así, por ejemplo, cuando un cliente se defiende ante un comercial con expresiones como: «¿Tiene su empresa experiencias con empresas como la nuestra?». Su respuesta será una defensa de su postura que será interpretada como un nuevo ataque, y así sucesivamente.

Los negociadores eficaces evitan en mayor medida este tipo de escaladas conflictivas, controlando sus defensas o evitando entrar en discusiones estériles con la otra parte.

### Etiquetado de conductas

Los negociadores capaces tienden en mayor medida a dar una indicación previa del tipo de comportamiento que utilizarán, siempre que éste no sea de desacuerdo. Por ejemplo, en lugar de preguntar directamente: ¿Está insinuando que nuestra empresa no está preparada para dar una respuesta rápida y eficaz a sus problemas?, dirían: «¿Me permite una pregunta? ¿qué experiencia ha tenido su empresa en trabajos similares a éste?». En vez de hacer una propuesta directamente, indican «le voy a hacer una propuesta...» y la hacen. Este matiz en la conducta presenta varias ventajas:

1. Preparan a quien escucha y facilitan que centre la atención.

2. Permiten disminuir el ritmo de la negociación dando tiempo al negociador que usa el etiquetado para centrar mejor sus pensamientos.

3. Elimina un cierto grado de brusquedad a través de sistemas formales.

Por contra, se ha observado al mismo tiempo que los negociadores medios tienden a etiquetar sus conductas de desacuerdo, a través de enunciados como «no estoy de acuerdo con lo que están diciendo, ya que...», lo que permite que la otra parte se prepare y empiece a pensar en la contrarréplica.

### Compruebe que ha llegado el mensaje

Se percibe que los buenos negociadores tienden en mayor medida a recapitular sobre los acuerdos ya alcanzados, resumiendo las posiciones de cada parte y enfatizando aquellos puntos que, o bien ya eran comunes antes de empezar a negociar o bien se han conseguido a través del proceso negociador.

Este comportamiento persigue dos objetivos: Por un lado, permite aclarar malentendidos y reduce las posibilidades de malas interpretaciones, cuestión especialmente importante en negociaciones complejas en las que el enunciado del acuerdo puede resultar, en ocasiones, confuso. Por otro lado, resumir es un buen sistema para hacer referencia al terreno común y permite hacer más énfasis en los acuerdos que se han conseguido que en las diferencias que todavía quedan por resolver.

### Sea paciente

La paciencia es un requisito indispensable para un negociador. Durante una negociación hay que saber soportar repeticiones, bloqueos, digresiones e incluso impertinencias, y hay que evitar el impulso de levantarse y renunciar a seguir buscando un acuerdo. La paciencia, junto con la perseverancia necesaria para conseguir los objetivos son dos cualidades que los buenos negociadores ponen a prueba en más de una ocasión.

## EL ESCENARIO

Con demasiada frecuencia se descuida el escenario en el que va a suceder la negociación. Sin ser un tema determinante, también aporta su grano de arena en favor o en contra del acuerdo, por ello vamos a dedicarle unas breves líneas.

### La sala de negociación

Si le es posible opte por espacios amplios y cómodos. No haga de la incomodidad física un factor de urgencia. Recuerde que trabajar sobre intereses en posible conflicto no es agradable, no provoque que el espacio también lo sea. Es importante cuidar la iluminación ya que de esta depende en gran medida la sensación de cansancio.

## Los lugares en la mesa

Recuerde que de entrada sus posiciones pueden ser de enfrentamiento, no las acreciente ocupando posiciones frontales. Huya de las mesas rectangulares que obligan a tomar posiciones frontales. Busque mesas redondas, a poder ser lo suficientemente pequeñas para que puedan ver lo que usted escribe y que permitan el intercambio de documentos etc. sin necesidad de levantarse. Estas posiciones crean mayor confianza y facilitan la aproximación.

## Las sillas

Todos los que hemos visto la película *El gran dictador*, recordamos la escena en la que Chaplin, en un arrebato de megalomanía, hacía subir su silla dejando más y más abajo a su interlocutor. Recuerde esta imagen y si de usted depende preparar la sala busque lugares y sillones que manifiesten una situación simétrica. No intente evidenciar su poder o compensarlo con signos externos de dominación.

## Ayudándose con documentos

Es muy adecuado presentarse a la negociación con una carpeta, un dossier o cartera de la que extraemos alguna documentación. Estamos transmitiendo que nos hemos preparado, estamos dando valor a la negociación y así mostrando interés en la otra parte. Disponer de documentos nos permitirá en algún momento ganar algo de tiempo mientras rebuscamos en la cartera y así podemos pensar en lo que vamos a hacer o decir. Juéguelo en su beneficio.

A continuación presentamos algunos protocolos de negociación obtenidos de empresas y organizaciones que por necesidades de su tarea cotidiana han llegado a protocolizar sus negociaciones.

Presentamos tres ejemplos que representan tres estilos diferenciados de trabajo. Por razones obvias no desvelaremos el origen de estos documentos pero si daremos algunos datos de referencia para que el lector los pueda contextualizar.

## Caso La Futura

Este modelo pertenece a una compañía de seguros y lo utilizan los responsables de siniestros en los momentos de negociar con sus clientes la ejecución o cumplimiento de un contrato ante un accidente o catástrofe

La forma de estructurar o preparar la negociación se asemeja a la que hemos presentado aquí. Es importante destacar que también, como nosotros, habla de necesidades y las prioriza, es interesante ver como incorpora una señal para el hecho de si son o no conocidas.

M. P. R. Se refiere a máxima pérdida por ruptura, hace referencia a lo que cada parte puede perder en el caso de que no se llegue a un acuerdo.

Lo que nosotros llamamos variables o temas, en este caso se le llama cuestión. Se grafica en forma similar a nuestra propuesta: Se anotan los valores sobre el gráfico y en la línea de puntos se grafica la supuesta posición de la otra parte.

## Protocolo La Futura

Tema _______________________  Código [                    ]

Responsable _______________  Interlocutor _______________

| Necesidades | Conocidas | Necesidades | Conocidas |
|---|---|---|---|
| 1 _____________ | ☐ | 1 _____________ | ☐ |
| 2 _____________ | ☐ | 2 _____________ | ☐ |
| 3 _____________ | ☐ | 3 _____________ | ☐ |
| 4 _____________ | ☐ | 4 _____________ | ☐ |
| 5 _____________ | ☐ | 5 _____________ | ☐ |
| 6 _____________ | ☐ | 6 _____________ | ☐ |
| 7 _____________ | ☐ | 7 _____________ | ☐ |

M.P.R. _______________________  M.P.R. _______________________

Cuestión A _______________

Cuestión B _______________

Cuestión C _______________

Cuestión D _______________

Cuestión E _______________

## Caso Tecnocar

Este modelo pertenece a una empresa proveedora del sector del automóvil. Fabrica componentes para varios modelos y realiza sus compras en diferentes lugares del mundo.

Es interesante ver como, con diferencias en nomenclatura, utilizan un esquema muy parecido al anterior. La diferencia más significativa estaría en el hecho de que se utiliza el modelo como informe histórico para ser usado en otra sesión.

Los Intereses equivaldrían a lo que nosotros llamamos necesidades. La Zona de acuerdo correspondería a los acuerdos deseados.

# Protocolo Tecnocar

| Empresa | Empresa |
|---|---|
| **Intereses** | **Intereses** |
| 1 | 1 |
| 2 | 2 |
| 3 | 3 |
| 4 | 4 |
| 5 | 5 |

| Acuerdos deseados | Acuerdos deseados |
|---|---|
| 1 | 1 |
| 2 | 2 |
| 3 | 3 |
| 4 | 4 |
| 5 | 5 |

| Ideales | Ideales |
|---|---|
| 1 | 1 |
| 2 | 2 |
| 3 | 3 |

| Rupturas | Rupturas |
|---|---|
| 1 | 1 |
| 2 | 2 |
| 3 | 3 |

| Puntos fuertes | Puntos débiles |
|---|---|
| Puntos débiles | Puntos fuertes |

Temas tratados

Resultados sesión

## Caso Partido ciudadano



Este es un caso atípico pues se refiere a una organización política de ámbito nacional que trabaja en relaciones tanto internas como externas con el gobierno y otras instituciones.

El formato es más literario y se refiere a «ellos» y «nosotros». Es interesante destacar la incorporación de conceptos como: «presiones» (referidas a otros intereses en juego que deben ser contemplados). El apartado Otras negociaciones, incorpora puntos como «resultados», «claves», «estrategias» y «tácticas» que quieren utilizar los antecedentes históricos para ayudar o ilustrar la negociación en curso. La historia o relaciones anteriores pueden ser determinantes. Especialmente sugerente nos parece el apartado de «Cuidado con» pues se refiere a aquellos temas que deben ser tratados de forma delicada o incluso evitados por razones concretas.

# Protocolo Partido ciudadano

## «Ellos»

Intereses en negociar:

Intereses en acuerdo:

Puntos fuertes:

Puntos débiles:

Costes:

Necesidades:

Presiones:

Márgenes:

### Otras negociaciones

Resultados:

Claves:

Estrategia:

Tácticas:

Observaciones:

## «Nosotros»

Intereses en negociar:

Intereses en acuerdo:

Puntos fuertes:

Puntos débiles:

Costes:

Necesidades:

Presiones:

Márgenes:

Acuerdos seguros:

Secuencia/Alternativas:

Lotes:

Cuidado con:

# 3
# SÍNTESIS: CINCUENTA RESPUESTAS A CINCUENTA PREGUNTAS

Sólo nos falta intentar aclarar dudas o contestar preguntas. En este sentido no podemos hacer otra cosa que listar las dudas y cuestiones que con mayor frecuencia asaltan al negociador.

Intentaremos ir contestándolas a medida que nos las vamos formulando y con la limitación que esta síntesis requiere. Muchas ya han sido tratadas en este texto, pero otras simplemente son personales y como nos dijeron en cierta ocasión «siempre he tenido ganas de que alguien me contestara si...». Pues allá vamos:

*¿Cuándo interesa negociar?*
Siempre que hallamos previsto que la coincidencia o implicación del otro es necesaria para conseguir lo que queremos. Si es mejor que la otra parte esté interesada en mantener el pacto.

*¿Cómo conseguir poder en la negociación?*
Sólo existe una manera: Identificar las necesidades de la otra parte dando a entender que somos capaces de atenderlas. No hay poder intrínseco sino conectado a la otra parte.

### ¿Negocian mejor las mujeres?

Una pregunta sexista, pero si salvamos el prejuicio que comporta debemos reconocer que: Sí, en la medida en que evitan factores irritantes, tienen más paciencia en las relaciones y consiguen acercamientos no agresivos al otro.

### ¿Todos servimos para negociar?

Sí, siempre que no tenga prisa, no quiera ganar sobre todas las cosas y esté dispuesto aceptar lo bueno frente a lo mejor.

### ¿Regatear es negociar?

Es una forma de negociar sobre una sola variable. Los efectos siempre son los mismos, gana quien más poder o menos prisa tiene. No lo consideramos una negociación ya que no buscamos la implicación del otro.

### ¿Cuántas personas son las idóneas por cada parte?

Lo más habitual es uno a uno, dos o tres por parte permite juegos de complicidades y tácticas más sofisticadas. Por encima de tres la necesaria moderación comporta una ralentización de la negociación que será útil siempre que la distancia entre partes sea muy grande.

### ¿Es bueno tratar varios temas simultáneamente?

No sólo es bueno sino que es la situación habitual del negociador experto. Recordemos siempre que al trabajar varios temas simultáneamente podemos condicionar cambios de postura en uno o modificaciones en otro. Será más fácil encontrar más alternativas deseadas.

### ¿Cuál es la mejor táctica?

Aquella que le permita obtener el mejor resultado. No hay una respuesta a esta pregunta. Ya que el éxito de cada una de las tácticas depende de cada situación y momento. Puestos a recomendar nos permitiríamos recordar aquello de: «Dos orejas y una boca para escuchar el doble de lo que se habla».



### ¿Cuál es el mejor cierre?

El cierre merece ser resumido, sintetizado y repetido, preferiblemente escrito y sin ninguna parte que se preste a confusión. Un cierre confuso es una inversión cara a futuros problemas.

### ¿Cómo forzar a alguien a negociar si no quiere hacerlo?

No es posible forzar a un acuerdo en la medida que el intercambio debe ser valorado como beneficioso para ambas partes. En consecuencia, presentar las ventajas de un posible acuerdo, la liberación de la resolución del conflicto, las oportunidades que puede ofrecer el acuerdo, son las únicas posibilidades para animar, nunca forzar a negociar.

### ¿Es útil usar «faroles»?

Como cualquier táctica; el «farol», o aparentar algo que no es, tiene alguna posibilidad de éxito en determinadas situaciones. De forma general es una mala táctica ya que el coste de ser descubierto es demasiado alto y raramente compensará el posible logro. No perdamos de vista que la otra parte está igual o mejor preparada que nosotros.

### ¿Hay que ser duro para ganar?

No necesariamente. Hay momentos en se debe ser firme para poder avanzar, pero la amenaza no es una buena herramienta para el avance. Ante todo no hay que olvidar que ganar es conseguir lo que deseo, y no derrotar al contrario.

### ¿Puedo mentir?

La mentira es un tipo de táctica que se basa en el supuesto de que la otra parte es crédula respecto a lo que le proponemos. En este sentido valore las ventajas de que le crean, los inconvenientes si le descubren y las posibilidades que existen de que baste sólo su palabra y no tenga que demostrar o aportar pruebas de lo que dice.

### ¿Quién debe hablar primero?

Entre los negociadores existe la máxima de «quien calla manda». En la medida en que usted puede conseguir que la otra parte hable, tiene mayores oportunidades de obtener información. No es bueno exagerar esta táctica

### ¿Quién debe dar el primer «precio»?

Parece que siempre nos han dicho que esperemos que sea el otro el que empiece. No necesariamente es la mejor alternativa ya que al hablar primero tenemos la oportunidad de fijar el punto de salida sin cortapisas ni presiones. Aprovechar esa oportunidad tiene un riesgo bajo y puede ser rentable. Quienes no se preparan esperan a que sea el otro quien proponga, ante la fantasía de que les beneficie un primer precio, para cerrar de forma inmediata el acuerdo. Esto rara vez sucede.

### ¿En su territorio o en el mío?

Siempre mejor en el suyo, tendrá la oportunidad de observar sin exponerse y la salida, ganar tiempo etc. siempre es más fácil en territorio ajeno. Hágalo en su territorio si se siente inseguro o quiere aparentar, si su interlocutor es experto, estará encantado.

### ¿Hay que planificar mucho?

Las negociaciones sin planificar son «ruletas rusas», puede salir la bala en el momento menos esperado. Dedique el tiempo necesario para sentir que domina la situación. En fin se está preparando para un examen en el que no es necesario tener un sobresaliente pero que es necesario aprobar.

### ¿Y si la otra parte no tiene autoridad para negociar?

No acepte la negociación, sólo servirá para abrir sus cartas y no conseguir nada de la otra parte. Si no tiene otro remedio, no le llame negociación busque un eufemismo, conversación de conocimiento mutuo, intercambio de información. En este caso trate la información que facilita como si fuesen posiciones en el acuerdo.

### ¿Y si yo no tengo autoridad para negociar?

No negocie, está usted jugando «de farol» y en cualquier momento le pueden descubrir y las consecuencias pueden dar al traste un posible acuerdo. Trate la situación como en el caso anterior.

### ¿Cómo puedo saber si me está mintiendo?

Es difícil saber cuando alguien miente pero existen algunos trucos muy simples para tener dudas razonables. La conducta no verbal es la clave. Una persona generalmente miente si cuando afirma algo: Se toca la cara, la corbata u otro aditamento, también es indicativo cuando cambia de postura durante su afirmación.

### ¿Debo llevar mucha información?

Lleve la que cree que va a necesitar, le ayudará a ganar tiempo ante una cuestión difícil. No se cargue como si fuese de viaje, dará la impresión de que está inseguro.

### ¿Puedo romper la negociación como táctica para atraerlo?

Abandonar puede hacernos más deseables o puede dejarnos absolutamente solos sin posibilidad de recuperar lo conseguido. No juegue con tácticas tan duras si no está absolutamente seguro del «amor» de la otra parte.

### ¿Puedo interrumpir cuando quiera?

Si puede hacerlo, pero no interesa cuando vamos avanzando. Observe que no decimos ganando, un clima favorable debe ser aprovechado al máximo, un clima hostil se puede romper con una interrupción a tiempo.

*¿Se deben negociar el territorio, el tiempo a dedicar etc.?*
En situaciones o conflictos en los que se prevé que la distancia entre las partes es muy grande deberemos empezar por estos temas para conseguir algunos simples acuerdos que permitirán realizar el contacto. Un ejemplo lo encontramos en los conflictos internacionales, armisticios, etc.

*¿Le hago esperar o llego tarde?*
Unicamente produce irritación y la percepción de que la otra parte quiere aparentar que es muy importante. Generalmente sólo consiguen ponernos a todos más nerviosos y en consecuencia arrancar con un clima adverso.

*¿Cuál es el número ideal de partes para negociar?*
Dos ya son suficientes, cuando hay más de dos partes que negocian simultáneamente puede aplicarse la frase de Bismark: «En un acuerdo de tres, siempre intento ser uno de los dos».

*¿Es bueno levantarse e irse?*
Largarse en mitad de una negociación es «artillería pesada», poco adecuada al tipo de trabajo de orfebrería que estamos intentando construir. Sólo le será útil en un regateo, raramente en una negociación.

*¿Es bueno poner todas las cartas sobre la mesa?*
Sería perfecto poder hablar sincera y llanamente de nuestros intereses, el problema reside en que casi nadie nos creería. Sea honesto y claro pero no descubra todas las cartas.

*¿Es útil asustar al contrario?*
En la medida en que la otra parte perciba que existe la posibilidad de ruptura si no avanzamos, es necesario. No se debe confundir con apabullar o intentar dominar con amenazas. Estas generalmente sólo consiguen conductas de evitación que no nos ayudan a avanzar.

*¿Hasta qué punto hay que ser educado y correcto?*

Si no puede conseguir un acuerdo ahora es mejor que sea correcto, y se podrá volver a reunir con sus interlocutores para tratar el tema. En el caso contrario, no tendrá esta nueva oportunidad.

*¿Es posible mandar las posiciones por correo?*

Es una buena forma de empezar si la distancia es muy grande pues nos ahorra los primeros contactos de sondeo. Puede ayudar a planificar pero hace más difícil la flexibilización de posturas.

*¿Siempre es mejor negociar cara a cara?*

Con toda seguridad, la información que podemos obtener en el cara a cara no la obtendremos en ninguna otra forma de comunicación posible. Otros sistemas de intercambio acostumbran a ser mucho más rígidos y lentos.

*¿Debo manifestar lo que me interesa?*

Debe usted expresar sus criterios y sus posiciones, nunca sus necesidades. Si lo hiciera entregaría todo el poder a la otra parte.

*¿Puedo manifestar mi desacuerdo sin peligro*
*de que se rompa la negociación?*

Evidentemente, para eso estamos juntos. Recuerde que el encuentro es para acercarse en la convicción de que los desacuerdos no son sino temas a trabajar. Mostrar desacuerdos es parte del camino a recorrer.

*¿Variar posturas es signo de debilidad?*

Siempre y cuando usted justifique su cambio por un cambio en la otra parte es posible variar tantas veces crea necesario. La flexibilidad es la virtud de los fuertes.

*¿En qué momento debo ceder?*

Nunca se cede, bajo ningún concepto y en ningún momento. Siempre se intercambia algo por algo.

## ¿Cómo puedo mentir sin que se note?

Puede intentarlo pero sólo conseguirá arriesgar y bailar en la cuerda floja. No mienta, intente presentar mejor sus argumentos y no enseñe sus necesidades.

## ¿Cuántas veces puedo variar mi postura?

Tantas como lo haga la otra parte.

## ¿Muchos o pocos argumentos?

Use pocos argumentos, si es necesario repítalos sistemáticamente. Es mejor pocos y contundentes que los mismos mezclados con otros de menor peso, sólo distraerán y quitarán valor a los importantes.

## ¿Es bueno negociar con personas conocidas?

Puede ser una ventaja si nos ayuda creando un clima favorable. Recuerde que cada acuerdo conseguido facilita el siguiente. En contra cada desacuerdo o ruptura dificulta el siguiente acuerdo.

## ¿Cómo saber cuánto poder tienen sobre mí?

Sólo tiene que listar las necesidades que tiene usted de la otra parte, ese es el poder que tiene la otra parte.

## ¿Negociar con tiempo o con prisa?

Nunca negocie con urgencia. Recuerde que quien tiene prisa pierde. Sólo le interesará cuando tenga todo el poder y no exista seguimiento ni futuras relaciones.

## ¿Lo toma o lo deja es buena táctica?

Sólo si tiene usted todo el poder y no le preocupa deteriorar en el futuro posibles relaciones con la otra parte.

## ¿Cómo contestar a las descalificaciones e insultos?

Por lo general no las conteste, ignórelas, es probable que desaparezcan si no tienen el efecto irritador que persigue la otra parte.

*¿Puedo rectificar después del acuerdo?*

Si rectifica después de un acuerdo está dando permiso para que la otra parte haga lo mismo y eso no es nada positivo. El acuerdo es algo serio que se basa en la convicción de su cumplimiento, rectificar equivale a preparar un no cumplimiento.

*¿Puedo interrumpir la negociación para consultar?*

Es perfectamente lícito que busque más información o se tome su tiempo, no lo haga para pedir permiso. Vaya con cuidado en no presentarse sin atribuciones para negociar.

*¿Qué hago si no sé qué hacer?*

Pregunte, pregunte y pregunte, cuestiones abiertas. Busque información, el punto de apoyo seguro que acabará por aparecer.

*¿Quién debe hablar más?*

Generalmente «quien calla manda». Abriendo muchas cartas se presenta como con más necesidades.

*¿Cuánto tiempo puedo estar callado?*

Todo el que sea capaz de aguantar sin que su interlocutor le abandone. Sólo está justificado hablar cuando hay que «decir algo». En la negociación, presentar una postura o contestar una pregunta.

*¿Es bueno gastar bromas?*

Toda ironía o broma es considerada una conducta irritante cuando no una agresión. Buscamos un clima distendido y facilitador pero hay un conflicto en juego y eso nunca es irrisorio.

# 4
# BIBLIOGRAFÍA


Campbell, S., *Cómo resolver las discrepancias en el trabajo y en la vida diaria*, Bilbao, Deusto, 1993.

Fast, J., *El lenguaje del cuerpo*, Barcelona, Kairós, 1988.

Fisher, R. y Ury, W., *Obtenga el sí. El arte de negociar sin ceder*, México, Cecsa, 1991.

Fisher, R., *Más allá de Maquiavelo*, Barcelona, Granica, 1996.

Jandt, F. E., *Ganar Ganar, negociando*, México, Cecsa, 1987.

Kennedy, G., *Cómo negociar con éxito*, Bilbao, Deusto, 1991.

Lebel, P., *El arte de la negociación*, Barcelona, Ceac, 1984.

Le Poole, S., *Nunca aceptes un «no» por respuesta*, Bilbao, Deusto, 1989.

McDonald, C. R., *Performance Based Supervisory Development Adapted from AT&T Study*, Massachussetts, Human Resources Development Press, 1982.

Nierenberg, G. I., *El negociador completo*, Madrid, CDN Ciencias de la dirección, 1991.

Sala, T., *La negociación colectiva y los convenios colectivos*, Bilbao, Deusto, 1990.

Touzard, H., *La mediación y la solución de conflictos*, Barcelona, Herder, 1981.

# PALABRAS CLAVE

A modo de glosario acompañamos las palabras más significativas que aparecen en el presente texto con su pequeña definición que facilitará la comprensión de su uso en esta obra.

## Acuerdo

Punto final aceptado por ambas partes en un proceso de negociación. Acostumbra a ser el objetivo y finalidad de cualquier negociación.

## Amenaza

Es la posición en la que se apela a un castigo o aspecto no deseado para forzar una conducta en la otra parte.

## Asertividad

Técnica comunicativa orientada a la eficacia evitando conductas de evitación, resignación, huida o agresividad.

## Competitividad

Interés en conseguir un objetivo, es necesario no confundirlo con conductas agresivas orientadas a la destrucción del otro. La competitividad comporta dedicar todas las energías posibles a conseguir un fin.

## Concesión

Entrega o cambio de postura sin obtener nada a cambio. En nuestro modelo no se usa ya que comporta ofrecer una mejora que beneficia a la otra parte sin obtener nada a cambio. Semánticamente lo sustituimos por intercambio: intercambiamos, nunca cedemos.

## Conflicto

Situación de desacuerdo o de intereses enfrentados o no compartidos y que no es posible resolver en apariencia. Las consecuencias no satisfacen a ninguna de las partes.

## Contratácticas

Respuestas estructuradas racionalmente para hacer frente a las tácticas de la otra parte.

## Cooperación

Voluntad de comunicarse con el otro a pesar de las diferencias de criterio aparente o real. No supone una entrega solidaria o ética sino una disposición a establecer una comunicación eficaz.

## Coste

Montante económico, de tiempo, energías, etc., que supondrá intercambio de un recurso propio. Se puede contabilizar en forma relativa respecto a otros recursos propios. Toda negociación se establece sobre la base de obtener el máximo beneficio con el mínimo coste.

## Factores irritantes

Serie de tácticas y conductas que producen incomodidad y molestia en la otra parte. Desde este enfoque los consideramos no deseados ya que, si en situaciones normales ya es difícil llegar a un acuerdo, en situación de irritación acostumbra a ser mucho más dificultoso.

## Factores suavizantes

En sentido contrario al anterior, son la serie de conductas que nos acercan y facilitan la relación. Mantenemos en este modelo que los mejores logros

se conseguirán siempre en ambientes distensionados y cómodos en el que 
las partes trabajan para encontrar el mejor acuerdo.

## Ideal

Objetivo deseado no de forma utópica, pero sí por encima de las posibilidades realistas. Acostumbra a ser el «precio de salida», no está fuera de la realidad pero supone un punto de salida que ambas partes saben que beneficia a quien lo propone. Cumple la función de límite superior.

## Intercambio

Contenido central o sinónimo de la negociación. Comporta una transacción entre recursos propios a cambio de cubrir necesidades propias a la vez que se incorporan necesidades y recursos de la otra parte. Sólo las transacciones que atienden a ambas partes pueden ser llamadas intercambios o negociaciones.

## Interacción

Contacto cara a cara entre los negociadores. En este contexto es donde se recogen los frutos de una adecuada preparación.

## Lotes

Alternativas u opciones que se construyen combinando distintas posiciones en las variables que tratamos. La construcción de alternativas o lotes es una parte importante de la negociación ya que supone investigar diferentes hipótesis o posiciones.

## Necesidad

Situación de carencia real o subjetiva que justifica la negociación. Es la base que define las relaciones de poder entre las partes.

## Objetivos

Posiciones deseadas para cada variable o tema a negociar.

## Partes

Cada uno de los intereses que es necesario atender y que en el momento inicial están en conflicto, real o aparente.

## Poder

Capacidad de influencia en la conducta de otro. Viene determinada por las necesidades que pueden cubrir cada parte.

## Posiciones

Lugares, puntos, cifras o precios sobre los que nos movemos y que barajamos y/o modificamos a cambio de compensaciones.

## Preparación

Planificación de la interacción o negociación cara a cara. Clave indiscutible del éxito en toda negociación. Una buena preparación determina el curso de una interacción sin sorpresas y orientada al acuerdo.

## Recursos

Base de la negociación. Es el deseo que cada parte tiene respecto a la otra en la medida que busca conseguir aquello que no está a su alcance y que atenderá las propias necesidades.

## Ruptura

Interrupción de la negociación en el que una parte o ambas consideran que es más ventajoso el mantenimiento del conflicto o desacuerdo al posible acuerdo.

## Tácticas

Técnicas racionalmente estructuradas orientadas a ganar influencia, mejorar la posición o cambiar la conducta de la otra parte.

## Territorio

Lugar físico, mental o de posición en el que se desarrolla la negociación.

## Valor

Significado que se da a una necesidad desde un punto de vista subjetivo

## Variables



Cada uno de los temas a tratar en forma explícita y sobre los que fijaremos nuestros objetivos.

## Zona de Acuerdo

Intervalo entre el que interesa llegar a cerrar la negociación, para cada variable trabajada.